O SILÊNCIO DOS ANIMAIS

JOHN GRAY
O SILÊNCIO DOS ANIMAIS

Tradução de
CLÓVIS MARQUES

1ª edição

EDITORA RECORD
RIO DE JANEIRO • SÃO PAULO
2019

CIP-BRASIL. CATALOGAÇÃO NA PUBLICAÇÃO
SINDICATO NACIONAL DOS EDITORES DE LIVROS, RJ

Gray, John

G82s   O silêncio dos animais: sobre o progresso e outros mitos modernos / John Gray; tradução de Clóvis Marques. – 1ª ed. – Rio de Janeiro: Record, 2019.

Tradução de: The silence of animals
ISBN 978-85-01-11622-2

1. Filosofia – ensaios. 2. Ética. 3. Livre-arbítrio. 4. Progresso.
5. Mitos modernos. I. Marques, Clóvis. II. Título.

CDD: 128
18-54255   CDU: 141.319.8

Vanessa Mafra Xavier Salgado – Bibliotecária – CRB-7/6644

Copyright © John Gray, 2013

Título original em inglês: The silence of animals

Todos os direitos reservados. Proibida a reprodução, armazenamento ou transmissão de partes deste livro, através de quaisquer meios, sem prévia autorização por escrito.

Texto revisado segundo o novo Acordo Ortográfico da Língua Portuguesa.

Direitos exclusivos de publicação em língua portuguesa para o Brasil adquiridos pela
EDITORA RECORD LTDA.
Rua Argentina, 171 – Rio de Janeiro, RJ – 20921-380 – Tel.: (21) 2585-2000.

Impresso no Brasil

ISBN 978-85-01-11622-2

Seja um leitor preferencial Record.
Cadastre-se no site www.record.com.br e receba informações sobre nossos lançamentos e nossas promoções.

Atendimento e venda direta ao leitor:
mdireto@record.com.br ou (21) 2585-2002.

As estações não são mais o que eram,
Mas é da natureza das coisas serem vistas uma vez apenas,
Pois vão acontecendo...

John Ashbery[1]

Sumário

1. Um velho caos   **09**

O chamado do progresso — Cavalos congelados e desertos de tijolo — Tinta invisível, pele esfolada e cupins — O túmulo do imperador — Dois vezes dois é igual a cinco — O que um tirano pode fazer por você — Ictiofídeos e liberais — Roupas de papel, pianos de cauda e bilhões— Os alquimistas das finanças — Humanismo e discos voadores

2. Além do último pensamento   **61**

Os charutos de Freud, o longo caminho até o Nirvana — Das ilusões às ficções — A suprema ficção — Felicidade, uma ficção que dá para dispensar — O inconsciente ariano de Jung, ou o que os mitos não são — Mitos do futuro próximo — Tlón e a história sem duas tardes — Palavras e cinzas — Misticismo ateu

3. Outra luz solar   **103**

Um caleidoscópio trêmulo — O silêncio dos animais — Uma visita ao Museu Britânico — Cidades infinitas — Tosse no adro e um casaco verde — Uma decisão de desaparecer — Um estranho nos bastidores

Agradecimentos   **145**

Notas   **147**

1. Um velho caos

Os macacos altamente civilizados se balançavam graciosamente de galho em galho; o Homem de Neandertal era rude e preso ao solo. Os macacos, saciados e brincalhões, viviam em sofisticada jovialidade, ou capturavam pulgas em filosófica contemplação: o Homem de Neandertal se arrastava melancólico pelo mundo, fazendo barulho com seus porretes. Do alto das árvores, os macacos se divertiam com eles, atirando frutos em suas cabeças. Vez por outra, ficavam aterrorizados: eles comiam frutos e plantas tenras com delicado refinamento; o Homem de Neandertal devorava carne crua, abatia animais e os seus semelhantes. Derrubava árvores que estavam ali desde sempre, tirava rochas dos lugares abençoados pelo tempo, transgredia todas as leis e tradições da selva. Ele era rude, cruel, sem dignidade animal — do ponto de vista dos macacos altamente civilizados, um retrocesso bárbaro da história.

Arthur Koestler,
O zero e o infinito[2]

O CHAMADO DO PROGRESSO

"Kayerts estava pendurado na cruz por uma tira de couro. Evidentemente, tinha subido pelo túmulo, que era alto e estreito, e depois de amarrar a extremidade da tira no braço, estava se balançando. Os dedos do pé ficavam a

10 O SILÊNCIO DOS ANIMAIS

poucos centímetros do chão: os braços pendiam rígidos; ele parecia retesado em posição de sentido; mas com uma bochecha vermelha marotamente encostada no ombro. E, irreverente, botava para fora a língua inchada para o diretor-gerente."[3]

O enforcado fazia parte de uma dupla de comerciantes enviados por uma empresa belga a uma região distante do Congo, a quase quinhentos quilômetros do posto comercial mais próximo. A maior parte do trabalho deles era feito por um intérprete local, que aproveitava uma eventual visita de homens da tribo para vender trabalhadores do posto avançado como escravos, em troca de dentes de marfim. Inicialmente chocados com o envolvimento em tráfico de escravos, mas achando aquilo altamente lucrativo, Kayerts e o outro europeu, Carlier, acabaram aceitando o acordo. Fechado o negócio, eles pouco tinham a fazer o resto do tempo. Passavam os dias lendo romances baratos e jornais velhos exaltando "nossa expansão colonial" e "os méritos dos que foram levar esclarecimento, fé e comércio aos lugares atrasados do planeta". Na leitura desses jornais, Carlier e Kayerts "começaram a se ter em melhor conta". Em questão de meses, perderam o hábito de trabalhar. O vapor que esperavam não chegou, e os suprimentos começaram a acabar. Brigando por causa de alguns torrões de açúcar guardados por Kayerts, Carlier foi morto. Desesperado, Kayerts decidiu matar-se também. Quando já estava pendurado na cruz, o vapor chegou. Ao desembarcar, o diretor-gerente se depara com Kayerts morto.

Joseph Conrad escreveu *An Outpost of Progress* [Um posto avançado do progresso] em 1896, e é uma história pelo menos tão feroz e desabusada quanto sua novela posterior mais conhecida, *O coração das trevas*. Conrad descreve como Kayerts "ficou junto ao cadáver pensando; pensando muito intensamente, pensamentos muito novos. Suas velhas ideias, convicções, preferências e aversões, coisas que ele respeitava e coisas que detestava, finalmente surgiam à verdadeira luz! Pareciam agora desprezíveis e infantis, falsas e ridículas. Ele exultava com aquela nova sabedoria, ao lado do homem que tinha matado". Mas nem todas as velhas convicções de Kayerts desapareceram, e aquilo em que continua acreditando acaba por levá-lo à morte. "O progresso chamava Kayerts desde o rio. O progresso, a civiliza-

UM VELHO CAOS

ção e todas as virtudes. A sociedade convocava seu talentoso filho para ser cuidado, instruído, julgado, condenado; chamava-o a voltar daquele monte de lixo do qual se afastara, para que justiça fosse feita."

Ao situar sua história no Congo, onde observara os efeitos do imperialismo belga em visita ao país em 1890 para assumir o comando de um navio a vapor no rio, Conrad se valia de uma mudança pela qual ele próprio passara. Chegando com a convicção de que era um ser humano civilizado, ele se dera conta do que havia sido na verdade: "Antes do Congo, eu não passava de um mero animal."[4] O animal a que Conrad se refere era a humanidade europeia, que, possuída por uma visão do progresso e pela sedução do lucro, provocou milhões de mortes no Congo.

Há muito, desde então, a ideia de que o imperialismo pode ser uma força do progresso humano caiu em descrédito. Mas não se abriu mão das convicções outrora vinculadas ao império. Pelo contrário, elas se espalharam por toda parte. Até mesmo aqueles que nominalmente seguem credos mais tradicionais se escoram na crença no futuro, a bem da própria tranquilidade mental. A história pode ser uma sucessão de absurdos, tragédias e crimes; mas — insistem todos — o futuro ainda pode ser melhor que qualquer coisa no passado. Abrir mão dessa esperança geraria um estado de desespero semelhante ao que enlouqueceu Kayerts.

Entre os muitos benefícios da fé no progresso, o mais importante será talvez o fato de impedir um excesso de autoconhecimento. Quando Kayerts e seu companheiro se aventuraram no Congo, os alienígenas que encontraram não foram os habitantes indígenas, mas eles próprios. "Eles viviam como cegos num quarto amplo, conscientes apenas do que entrava em contato com eles (e ainda assim, de maneira imperfeita), mas incapazes de ver o aspecto geral das coisas. O rio, a floresta, toda a enorme extensão de terras pulsante de vida, tudo isso era como um grande vazio. As coisas apareciam e desapareciam ante seus olhos de um jeito desconectado e sem propósito. O rio corria num vácuo. Desse vácuo saíam às vezes canoas, e homens com lanças nas mãos de repente tomavam o pátio da estação." Eles não suportam o silêncio em que se encontram: "estendendo-se em todas as direções, cercando a insignificante clareira do posto de comércio, imensas florestas, ocultando funestas complicações de uma vida fantástica, se projetavam no

O SILÊNCIO DOS ANIMAIS

eloquente silêncio de uma grandeza muda." A sensação do avanço do tempo, que tinham trazido com eles, começa a se dissipar. Conrad escreve no fim do conto: "Os dois, tendo-se comprometido com a Companhia por seis meses (sem qualquer ideia do que é um mês em particular e apenas uma noção muito vaga do tempo em geral), já estavam servindo à causa do progresso há mais de dois anos." Longe de seus hábitos, Kayerts e Carlier perdem as aptidões necessárias para continuar vivendo. "A sociedade, não por desvelo, mas por causa de suas estranhas necessidades, tinha cuidado daqueles dois homens, proibindo-lhes quaisquer pensamentos independentes, toda iniciativa, todo desvio da rotina; e proibindo-os sob pena de morte. Eles só podiam viver se fossem máquinas."

A condição maquinal dos seres humanos modernos pode parecer uma limitação. Na verdade, é uma condição de sua sobrevivência. Kayerts e Carlier só podiam funcionar como indivíduos por terem sido moldados pela sociedade até o mais íntimo de seu ser. Eram "dois indivíduos perfeitamente insignificantes e incapazes, cuja existência só é possibilitada pelo elevado nível de organização das multidões civilizadas. Poucos homens se dão conta de que sua vida, a própria essência de seu caráter, suas capacitações e ousadias não passam da expressão de sua crença na segurança do meio que os cerca. A coragem, o autocontrole, a confiança; as emoções e os princípios; todo grande pensamento e todo pensamento insignificante não pertencem ao indivíduo, mas à multidão: à multidão que acredita cegamente na força irresistível de suas instituições e de sua moral, no poder da polícia e de suas opiniões". Ao deixarem seu ambiente habitual, ambos perderam toda capacidade de agir. Mais que isso: deixaram de existir.

Para quem vive dentro de um mito, parece um fato óbvio. O progresso humano é um fato dessa natureza. Quem o aceita tem seu lugar na grande marcha da humanidade. Mas é claro que a humanidade não está marchando para lugar nenhum. "Humanidade" é uma ficção formada por bilhões de indivíduos, para cada um dos quais a vida é singular e final. Mas o mito do progresso é extremamente poderoso. Quando perde sua força, os que pautavam a vida por ele são — na formulação de Conrad, referindo-se a Kayerts e Carlier — "como aqueles condenados à prisão perpétua que, libertados depois de muitos anos, não sabem o que fazer da própria liberdade". Quando

UM VELHO CAOS

a fé no futuro lhes é tirada, eles também ficam sem sua autoimagem. Nesse caso, se escolhem a morte, é porque sem essa fé não são mais capazes de conferir sentido à vida.

Ao decidir acabar com a vida, Kayerts se enforca numa cruz. "Kayerts ficou parado. Olhava para cima; a névoa passava baixo sobre sua cabeça. Ele olhou ao redor, como um homem perdido; e viu uma sujeira escura, uma mancha em forma de cruz, em meio à cambiante pureza da neblina. Ao se dirigir trôpego para ela, o sino da estação tocou em tumultuado estridor sua resposta ao clamor impaciente do vapor." No momento em que o vapor chega — mostrando que a civilização continua intacta —, Kayerts alcança a cruz, onde encontra redenção na morte.

Que tem a cruz a ver com o progresso? Conrad nos informa que ela fora instalada pelo diretor da Grande Companhia de Comércio para assinalar o túmulo do primeiro de seus agentes, antes um pintor malsucedido, que "pla nejara e acompanhara a construção daquele posto avançado do progresso". A cruz estava "muito inclinada", o que levava Carlier a olhar de soslaio toda vez que passava por ali, até que um dia ele resolveu endireitá-la. Querendo se certificar de que era sólida, ele a testa com seu peso: "Eu me pendurei com as duas mãos à barra transversal. Nada. Ah, isso foi feito direito." É nessa estrutura alta e firme, que lhe parecia uma mancha de sujeira escura na névoa, que Kayerts põe fim à própria vida.[5]

Na história que o mundo moderno repete para si mesmo, a crença no progresso vai de encontro à religião. Na era de trevas da fé, não havia espe- rança de qualquer mudança fundamental na vida humana. Com a chegada da ciência moderna, descortinou-se uma paisagem de melhora. O crescente alcance do conhecimento permitia aos seres humanos assumir o controle do próprio destino. Antes perdidos nas sombras, eles agora podiam cami- nhar na luz.

Na verdade, a ideia de progresso não vai de encontro à religião da maneira como parece sugerir esse conto de fadas moderno. A fé no progresso é um remanescente tardio do cristianismo primitivo, originando-se na mensagem de Jesus, profeta judeu dissidente que anunciou o fim dos tempos. Tanto para os egípcios antigos quanto para os gregos antigos, nada havia de novo debaixo do sol. A história humana faz parte dos ciclos do mundo natural.

O mesmo se aplica ao hinduísmo e ao budismo, ao taoismo e ao xintoísmo, assim como às partes mais antigas da Bíblia hebraica. Ao criar a expectativa de uma radical alteração das questões humanas, o cristianismo — a religião inventada por São Paulo com base na vida e nos ditos de Jesus — fundou o mundo moderno.

Na prática, os seres humanos continuaram a viver exatamente como viviam até então. Wallace Stevens escreveu:

> Ela ouve, sobre aquelas águas sem som,
> Uma voz que clama: "A tumba na Palestina
> Não é o portal de espíritos retidos,
> É o túmulo de Jesus, onde ele se encontra."
> Vivemos num velho caos do sol.[6]

Foi não muito antes de uma expectativa literal de o Fim transformar-se em uma metáfora de uma transformação interior. Mas uma mudança ocorrera no que se esperava do futuro. Muitas transmutações seriam necessárias até que a história cristã viesse a se renovar como mito do progresso. Entretanto, vista até então como uma sucessão de ciclos como as estações, a história passou a ser encarada como uma história de redenção e salvação, e na época moderna a salvação veio a ser identificada com a ampliação do conhecimento e do poder — o mito que levou Kayerts e Carlier ao Congo.

Ao usar suas experiências no Congo em *O coração das trevas* (1899), Conrad não contava uma história de barbárie em lugares distantes. O narrador conta a história em um iate ancorado no estuário do Tâmisa: a barbárie não é uma maneira primitiva de vida, sugere Conrad, mas um desdobramento patológico da civilização. A mesma ideia ocorre em *O agente secreto* (1907), romance de terrorismo e conspiração situado por Conrad na cidade de Londres. O Professor anarquista, viajando por toda parte com uma bomba no bolso, que pretende detonar caso seja detido, quer acreditar que a humanidade foi corrompida pelo governo, instituição essencial criminosa. No entendimento de Conrad, contudo, não apenas o governo se deixou contaminar pela criminalidade. Todas as instituições humanas — famílias e igrejas, forças policiais e anarquistas — estão comprometidas pelo crime. A tentativa de explicar a maldade humana pelas instituições corruptas levanta uma questão: por que os seres humanos são tão apegados a instituições corruptas? Com toda evidência, a resposta está no animal humano.

Conrad mostra o Professor lutando com essa verdade: "Ele estava numa rua estreita e longa, ocupada por uma parte apenas de imensa multidão; mas ao seu redor, a perder de vista, até os limites do horizonte encoberto pelos enormes amontoados de tijolos, ele sentia a massa da humanidade poderosa em sua quantidade. Eles proliferavam numerosos como gafanhotos, industriosos como formigas, instintivos como uma força natural, indo em frente cega e ordeiramente e absortos, impermeáveis ao sentimento, à lógica, talvez também ao terror."

O Professor continua sonhando com um futuro em que os seres humanos serão regenerados. Mas o que ele gosta realmente é da destruição: "o incorruptível Professor caminhava, desviando o olhar da odiosa multidão. Ele não tinha futuro. Desprezava-o. Ele era uma força. Seus pensamentos acariciavam as imagens de ruína e destruição. Ele caminhava frágil, insignificante, acabado, miserável — e terrível na simplicidade de sua ideia de convocar a loucura e o desespero para regenerar o mundo."[7]

Se Kayerts se enforcou porque não acreditava mais no progresso, o Professor está disposto a matar e morrer para mostrar que ainda tem fé no futuro.

O mito do progresso projeta um vislumbre de significado na vida daqueles que o aceitam. Kayerts, Carlier e muitos como eles nada fizeram que pudesse ser considerado significativo. Mas sua fé no progresso permitia que suas maquinações insignificantes parecessem parte de um grande desígnio, ao passo que suas mortes miseráveis alcançavam uma espécie de inutilidade exemplar de que não eram dotadas suas vidas.

CAVALOS CONGELADOS E DESERTOS DE TIJOLO

Ao chegar a Nápoles como oficial do Corpo de Inteligência britânico, no início de outubro de 1943, Norman Lewis encontrou uma cidade à beira da fome. "É espantoso assistir à luta desta cidade tão abalada, tão faminta, tão destituída de tudo aquilo que justifica a existência de uma cidade, para se adaptar ao colapso em condições que devem se assemelhar à vida na Idade das Trevas. As pessoas acampam como beduínos em desertos de tijolos. Há pouca comida, pouca água, nenhum sal, nem sabão. Muitos napolitanos perderam suas posses, nos bombardeios inclusive quase toda a roupa, e pude ver nas ruas algumas estranhas combinações de vestuário, como um homem com um velho paletó, calças curtas presas abaixo do joelho e botas do exército, assim como várias mulheres em trajes rendados que podiam ter sido feitos com cortinas. Não se veem carros, mas centenas de carroças, e algumas carruagens antigas, como *barouches* e fáetons, puxadas por cavalos magros. Hoje em Posilippo eu parei para assistir à metódica desmontagem de um veículo militar alemão do tipo semilagarta por alguns jovens que então se afastavam às pressas feito formigas, carregando peças de metal de todos os tamanhos e formas [...]. Todo mundo improvisa e adapta."[8]

No livro que escreveu sobre suas experiências, *Nápoles '44*, publicado em 1978, Lewis pinta um quadro de como era a vida quando a civilização desmoronou. Acometidos de uma peste — uma epidemia de tifo se abateu sobre a cidade não muito depois da liberação, e grassava a sífilis —, os habitantes estavam cercados de morte e doença. Além da luta contra a enfermidade, havia outra, absorvente e exaustiva: o esforço cotidiano para simplesmente continuar vivo.

O que movia Lewis era o impulso de escapar das restrições da Inglaterra no entreguerras.[9] Tendo nascido e passado a maior parte dos primeiros anos de vida no subúrbio londrino de Enfield, ele se casou com a filha de um mafioso siciliano que acabara em Bloomsbury. Levado para os Estados Unidos num caixão, o futuro sogro de Lewis decidiu voltar para a Europa quando seu apartamento em Nova York foi metralhado. Aparentemente, foi o siciliano que financiou a incursão empresarial de Lewis como dono da loja de fotografia R. G. Lewis, graças à qual ele dominaria por certo tempo o mercado britânico de câmeras Leica. Segundo Lewis, foi num encontro nessa loja que ele veio a ser recrutado como agente da inteligência britânica em fevereiro de 1937 e enviado em missão ao Iêmen, viajando até lá num dos tradicionais veleiros *dhow* da região, mas tendo sua entrada recusada no país, ainda feudal naquela época. De volta para casa, fez amizade com um arqueólogo inglês, aparentemente responsável por sua entrada para o Corpo de Inteligência.

UM VELHO CAOS

Ao chegar de avião em setembro de 1943 à praia de Pesto, a sudeste de Nápoles, Lewis deparou-se com "uma extraordinária falsa serenidade na vista da paisagem terrestre". A praia estava coberta de cadáveres, "dispostos em fileiras, lado a lado, ombro a ombro, com extrema precisão, como se estivessem para apresentar armas numa inspeção da morte". Avançando para o interior, com o sol mergulhando no mar a suas costas, Lewis encontrou "os três perfeitos templos de Pesto, rosados e resplandecentes e gloriosos nos últimos raios do sol". No campo entre ele e o templo havia duas vacas mortas, com as patas para o ar. Lewis escreve que a visão surgiu-lhe "como uma iluminação, uma das grandes experiências de vida".

Em seus registros, quando Nápoles foi liberada pelos Aliados, toda a população estava sem trabalho e catando restos para se alimentar. A liberação foi antecedida de bombardeios maciços em que os bairros da classe trabalhadora foram destruídos e o abastecimento de energia e água fora cortado. Os riscos eram agravados pelas bombas de ação retardada deixadas pelos alemães em retirada. Totalmente desarvorada a economia, os habitantes tentavam sobreviver com o que encontravam, inclusive peixes tropicais do aquário da cidade. Milhares de pessoas amontoadas num terreno de quatro mil metros quadrados viviam de restos dos abatedouros, cabeças de peixes e gatos apanhados nas ruas. Famílias buscavam cogumelos e dentes-de-leão no campo e montavam armadilhas para pegar pássaros. Ignorado pela administração dos Aliados, um mercado negro de remédios prosperava.

Estando tudo à venda, qualquer coisa que pudesse ser transportada — estátuas das praças públicas, postes de telegrafia, frascos de penicilina e instrumentos médicos, pequenos barcos, lápides, gasolina, pneus, objetos dos museus, portas de bronze de uma catedral — podia ser roubada. Gente que pertencera à classe média apregoava nas ruas joias, livros e pinturas, um padre "de lábios brancos e sorridente" vendia guarda-chuvas, castiçais e enfeites entalhados em ossos roubados nas catacumbas, enquanto cerca de um terço das mulheres da cidade oferecia sexo em caráter eventual ou regular. Lewis relata ter recebido a visita de um príncipe local, proprietário de um palácio próximo e senhor absenteísta de uma vasta propriedade, que agora enfrentava tempos difíceis. O príncipe atuava como informante, mas naquela ocasião vinha com a irmã para tratar da possibilidade de encontrar um lugar para ela num bordel militar. Como Lewis explicasse que o exército britânico não contava com uma instituição assim, o príncipe ficou arrasado. "Que pena", disse. E então, virando-se para a irmã, que, como ele, falava um inglês perfeito, condoeu-se: "Pois bem, Luísa, se não pode ser, que se há de fazer?"

O que acaso houvesse em matéria de ordem pública era assegurado pela Camorra. Tendo evoluído como "um sistema de autoproteção contra os capangas e coletores de impostos de toda uma série de governos estrangeiros", a organização a essa altura praticamente só se dedicava mesmo à extorsão. A polícia e a justiça eram profundamente corruptas. Querendo impor certos limites ao mercado negro, Lewis resolveu prender um mafioso envolvido no contrabando de penicilina. "Frajola e imperturbável", o mafioso disse a Lewis: "Não vai lhe adiantar de nada. Quem é você? Ninguém. Ontem à noite eu jantei com um coronel. Se estiver cansado da vida em Nápoles, posso dar um jeito de mandá-lo para outro lugar." O sujeito foi levado, e ao visitá-lo em sua cela, Lewis o encontrou fazendo uma bela refeição e foi convidado a compartilhá-la. O caso não avançou. A testemunha convocada por Lewis se recusou a prestar depoimento, e o mafioso no fim das contas tinha problemas de saúde que exigiam internação hospitalar. Na verdade, ele estava além da justiça. Ao relatar a situação aos superiores, Lewis ouviu que estavam surpresos que encontrasse tempo para levar o caso adiante.

Lewis entendeu que suas tentativas de levar uma aparência de justiça à cidade eram sem sentido e até perigosas. "O fato é que nós perturbamos aqui o equilíbrio da natureza. Eu mesmo me mostrei rígido, quando deveria ter sido flexível. Aqui a polícia — corrupta e tirânica como é — e a população civil jogam o mesmo jogo, mas as regras são complexas e eu não as entendo, e por não entender perco o respeito." Lewis também escreveu *The Honoured Society: the Sicilian Mafia Observed* [A sociedade honrada: A Máfia siciliana observada] (1964), uma análise não totalmente avessa à organização criminosa.

Nas condições observadas por Lewis em Nápoles, a moral já não prevalecia. Escrevendo em sua autobiografia *I Came, I Saw* [Eu vim, eu vi] (1985), ele fala de prisioneiros de guerra soviéticos que conseguiram chegar à cidade, onde foram internados e depois despachados em um navio. Lewis

UM VELHO CAOS

descobriu como haviam sobrevivido no cativeiro alemão. "Passei muitas horas ouvindo as experiências desses derradeiros sobreviventes, e fiquei sabendo que, para cada soviético que conseguira sair da fornalha ardente dos campos de prisioneiros de guerra, cem outros tinham encontrado morte terrível. Um dos sobreviventes, um pastor tadjique de 19 anos que estivera entre os arrebanhados para serem levados para os campos, lembrava-se de ter ouvido um alemão baixo, de óculos e boas maneiras, dirigir-se aos prisioneiros em russo por um alto-falante: 'Vocês são em número muito maior que o esperado. Temos comida para 1.000 e vocês aqui são 10.000, de modo que podem chegar a suas próprias conclusões'". No relato de Lewis, para os sobreviventes saindo de campos em que 4 ou 5 milhões de pessoas tinham morrido, "o primeiro obstáculo a ser superado era a aversão ao canibalismo; e fiquei sabendo que todos os homens naquele navio tinham comido carne humana. A maioria o reconhecia sem hesitação, não raro, surpreendentemente — como se a confissão fosse uma liberação psicológica —, com certa ansiedade. Agachados ao pôr do sol no fétido convés inferior, eles descreviam, como em uma velha e sombria fábula asiática, as violentas e ruidosas disputas que às vezes ocorriam quando um homem morria, e os prisioneiros lutavam feito cães famintos para devorar o cadáver antes que os alemães pudessem levá-lo".[10]

Tendo sobrevivido aos campos alemães e depois servido no Exército alemão, os prisioneiros de guerra temiam ser repatriados para os soviéticos. Seus temores se aplacaram quando conseguiram convencer os britânicos a vesti-los de uniforme cáqui. O fato de usarem uniformes britânicos, pensavam os prisioneiros, faria com que fossem tratados como aliados pelas autoridades soviéticas. Desconfiando que o futuro dos prisioneiros não seria benigno, os britânicos decidiram não investigar seu destino muito a fundo. No fim das contas, quando se deu a transferência, a maioria dos derradeiros sobreviventes foi abatida a tiros, e os demais foram mandados para o gulag.

Em consequência desse período em Nápoles, Lewis passou por uma conversão. A experiência ocorreu quando um grupo de meninas de 9 a 12 anos de idade apareceu na janela de um restaurante onde ele se encontrava. As meninas eram órfãs, e tinham sido atraídas pelo cheiro da comida. Notando que estavam chorando e percebendo que eram cegas, ele esperou

20 O SILÊNCIO DOS ANIMAIS

que os outros clientes interrompessem sua refeição. Mas ninguém se mexeu. As meninas foram tratadas como se não existissem. "Garfadas de comida eram jogadas em bocas abertas, o barulho da conversa prosseguiu, ninguém viu as lágrimas."

Refletindo sobre a cena, Lewis deu-se conta de que "a experiência mudou minha visão de mundo. Até agora eu me aferrava à cômoda crença de que os seres humanos acabam aceitando a dor e o sofrimento. Mas agora entendia que estava errado, e, como Paulo, passei por uma conversão — só que para o pessimismo. [...] Eu sabia que, condenados eternamente à escuridão, à fome e à perda, eles haveriam de chorar incessantemente. Jamais se recuperariam de sua dor, e eu jamais me recuperaria da lembrança dela".

A conversão de Lewis não diminuiu seu prazer na vida. Nos últimos anos, ele se dizia interessado, sobretudo, pelo cultivo de lírios, produzindo alguns dos mais raros na Inglaterra. Mas continuou a viajar muito. Tratem da destruição de antigas civilizações do sudeste asiático por décadas de guerra ou da escravização de povos tradicionais da Amazônia por missionários cristãos, os livros que ainda escreveria em sua longa vida (ele morreu em 2013, aos 95 anos) revelam uma permanente melancolia misturada à "intensa alegria que sinto por estar vivo".

A vida em Nápoles em 1944 não mudou Curzio Malaparte como mudara Lewis.[11] Escritor e soldado, arquiteto e compositor, encarregado da imprensa na Conferência de Paz de Versalhes em 1919, autor de um manual da técnica do golpe de Estado que ainda hoje é consultado, Malaparte encontrava-se em Nápoles no mesmo momento que Lewis, que relata ter visto seu "rosto assombrado" de relance numa festa na ilha próxima de Capri. Pouco depois de chegar a Nápoles, Malaparte ofereceu seus serviços aos libertadores e passou a atuar como oficial de ligação italiano com o Alto Comando americano. Por essa mesma época, parece ter-se tornado agente da inteligência americana.

Para Malaparte, a luta pela vida depois da liberação da cidade era pior que qualquer coisa que tivesse acontecido durante a guerra:

> Antes da liberação, nós lutávamos e sofríamos para *não morrer*. Agora, lutávamos e sofríamos *para viver*. Há uma profunda diferença entre lutar para evitar a morte e lutar para viver. Os homens que lutam para evitar

UM VELHO CAOS

a morte preservam a dignidade, e cada um deles e todos eles — homens, mulheres e crianças — a defendem zelosamente, tenazmente, furiosamente [...]. Quando lutam para evitar a morte, agarram-se com uma tenacidade derivada do desespero a tudo aquilo que constitui a parte viva e eterna da vida humana, a essência, o elemento mais nobre e puro da vida: a dignidade, o orgulho, a liberdade de consciência. Eles lutam para salvar a alma. Mas depois da liberação, os homens tiveram que lutar *para viver*. É algo humilhante e terrível, uma necessidade vergonhosa, uma luta pela vida. Apenas pela vida. Apenas para salvar a pele.[12]

Observando a luta pela vida na cidade, Malaparte via a civilização ceder. As pessoas que os habitantes imaginavam ser — formadas, ainda que de maneira imperfeita, por ideias do que é certo e errado — tinham desaparecido. Restavam animais famintos, dispostos a qualquer coisa para continuar vivendo; mas não animais como os que matam e morrem inocentemente na selva. Destituídos de uma autoimagem como a que é tão valorizada pelos seres humanos, os outros animais limitam-se a ser o que são. No caso dos seres humanos, a luta pela sobrevivência é uma luta contra eles próprios.

Malaparte deu ao livro em que relata seu período em Nápoles o título de *A pele*. Publicado em 1949, ele foi incluído na lista de livros proibidos pelo Vaticano — e não sem motivo. Se os napolitanos tinham sofrido menos que outros europeus quando a civilização desmoronou, alegava Malaparte, era porque nunca tinham sido realmente cristãos num sentido profundo. A religião que havia conquistado a Europa fora aceita por eles de maneira superficial, como uma continuação de cultos mais antigos. Mas não entrou em suas almas. Em consequência, era mais fácil para eles abrir mão de sua autoimagem como seres morais.

Antes um retrato surrealista das experiências do autor que um relato literal dos acontecimentos, *A pele* reproduz conversas que ele imagina ter tido com os libertadores americanos da cidade. Numa delas, ele fala em termos líricos do caráter único de Nápoles: "Nápoles é a cidade mais misteriosa da Europa. É a única cidade do Velho Mundo que não se desfez no colossal naufrágio da antiga civilização. Nápoles é uma Pompeia que

O SILÊNCIO DOS ANIMAIS

não foi enterrada. Não é uma cidade: é um mundo — o mundo antigo, pré-cristão — que sobreviveu intacto na superfície do mundo moderno."

Na visão de Malaparte, Nápoles era uma cidade pagã com uma noção antiga de tempo. O cristianismo ensinava aos convertidos encarar a história como o desdobramento de uma trama única, um drama moral de pecado e redenção. No mundo antigo, não existia essa trama, apenas uma multiplicidade de histórias que se repetiam infinitamente. Vivendo nesse mundo antigo, os napolitanos não esperavam nenhuma alteração fundamental nas questões humanas. Não tendo aceitado a história cristã de redenção, não se haviam deixado seduzir pelo mito do progresso. Nunca tendo acreditado que a civilização fosse permanente, não se surpreenderam quando ela foi a pique.

A lhe dar crédito, a visão de Nápoles em ruínas não induziu em Malaparte uma melancolia com a que imprimiu em Lewis. Pelo contrário, o espetáculo o revigorou. Em *Kaputt*, seu relato semifictício das viagens que fez pela Europa ocupada pelos nazistas, publicado em 1944, Malaparte escreveu:

> Eu nunca me sentira tão próximo das pessoas — eu, que até então sempre me sentira um estranho em Nápoles: nunca me sentira tão próximo da multidão que até aquele dia parecia tão estranha e diferente. Eu estava coberto de poeira e suor, meu uniforme estava rasgado, eu tinha a barba por fazer, minhas mãos e meu rosto estavam gordurosos e sujos. Eu havia saído da prisão poucas horas antes e encontrei naquela multidão um calor humano, uma afeição humana, um companheirismo humano, um sofrimento do mesmo tipo que o meu, só que maior, mais profundo e talvez mais real e antigo. Um sofrimento que se tornava sagrado por sua idade, seu fatalismo, sua natureza misteriosa, frente ao qual meu sofrimento era apenas humano, novo e sem raízes profundas em minha própria idade. Um sofrimento sem desespero, iluminado por uma grande e bela esperança, frente ao qual meu pequeno e pobre desespero era apenas um sentimento insignificante que me envergonhava.[13]

Se a dor de Malaparte era menor em comparação com a dos napolitanos, o motivo terá sido talvez ele ter cuidado de não sofrer como eles sofriam. Em *Kaputt*, ele se apresenta como um dissidente, zombando dos anfitriões nazistas ao beber e comer com eles em toda a Europa. Na verdade, imprevisível e traiçoeiro, ele estava sempre pronto a mudar de lado em busca das sensações que valorizava. Um dos pouquíssimos correspondentes de guerra autorizados na Frente Oriental no verão de 1941, depois do início da invasão alemã da União Soviética, ele foi porque, para ele, a guerra era a suprema experiência estética. Mas nem sempre é possível saber o que ele presenciou e o que viria mais tarde a imaginar.

Por vezes seus relatos parecem intencionalmente fantásticos. Em *Kaputt*, ele conta a chegada a um lago coberto de gelo nas profundezas das florestas finlandesas, onde centenas de cavalos haviam morrido e estavam congelados: "O lago parecia uma vasta lâmina de mármore branco sobre a qual repousavam centenas e centenas de cabeças de cavalos. Pareciam ter sido cortadas a machado, limpas. Só as cabeças se projetavam sobre a crosta de gelo. E todas estavam voltadas para a margem. A chama branca do terror ainda ardia nos olhos arregalados. Perto da margem, um emaranhado de cavalos agitados sobre as patas traseiras se erguia da prisão do gelo."[14] Não temos como saber se Malaparte alguma vez presenciou uma cena como essa. Seriam cenas assim versões surrealistas de acontecimentos reais? Ou estaria ele relatando alucinações de fato vivenciadas? O que parece claro é que eram o que ele queria ver na Frente.

A maior parte das vezes, os despachos da Frente enviados por Malaparte eram realistas e precisos.[15] Em certos casos, também prescientes. Quando previu que a guerra com a União Soviética seria longa e de resultado incerto, ele foi expulso pelos alemães e confinado em detenção domiciliar por Mussolini.

Malaparte dizia gostar de viver na floresta. O que podia não ser inteiramente verdade — ele também alegava ser feliz sobretudo relaxando em hotéis de luxo —, mas havia algo autêntico em seus protestos: um sentimento de autodepreciação. Na floresta, escreveu, os seres humanos se tornam mais autenticamente humanos:

> Nada torna os homens tão mutuamente hostis, nada tem o poder de provocá-los e levá-los ao conflito, nada os torna tão insensíveis e inexoráveis quanto a violência sobrenatural da floresta. Na floresta, o homem redescobre seus

instintos primordiais. Seus impulsos animais mais primitivos voltam à superfície, rompem o delicado rendilhado de seus nervos, reaparecem em sua intensa e sórdida virgindade por cima do verniz das convenções e inibições civilizadas.

Se Malaparte gostava da vida no mundo selvagem, era porque o ajudava a esquecer-se de que era um ser humano moderno do tipo que desprezava. Os pagãos antigos não imaginavam que a humanidade tivesse sido corrompida pela civilização. Sabiam que o que aparece quando a civilização entra em colapso é apenas a barbárie, uma doença da civilização. Não existem dois tipos de seres humanos, selvagens e civilizados. Existe apenas o animal humano, eternamente em guerra consigo mesmo.

Depois da guerra, Malaparte passou para a esquerda, dizendo ver no maoismo uma força de renovação espiritual, e ao morrer planejava uma visita à China. Em seus últimos dias de vida, foi recebido na Igreja Católica, e mais ou menos na mesma época entrou para o Partido Comunista Italiano. Estaria procedendo a uma prudente retirada do esteticismo pagão, com a perda da vitalidade? Ou seria essa dupla conversão uma prova de seu paganismo, um ato de devoção de última hora a esses cultos locais? Qualquer que seja a resposta, Malaparte aparentemente morreu tendo alcançado uma acomodação consigo mesmo.

TINTA INVISÍVEL, PELE ESFOLADA E CUPINS

O relato da carreira do protagonista do romance *O zero e o infinito* (1940), de Arthur Koestler, tem muitos paralelos com a vida do próprio autor. Comunista condenado com base em acusações falsas por traição contra o Estado soviético que ajudou a fundar, Rubashov teve em sua cela, aguardando a execução, uma experiência mística graças à qual a perspectiva da morte não importava mais. Capturado e condenado à execução como espião comunista pelas forças de Franco na Guerra Civil Espanhola, Koestler teve uma experiência semelhante. Relatando como havia mudado sua visão de mundo, ele escreveu: "Em minha juventude, eu via o universo como um livro aberto, impresso na linguagem das equações físicas e dos determinantes sociais, ao passo que agora ele se apresenta a mim como um texto escrito em tinta invisível."[16]

O que Koestler acreditava ter vislumbrado era um texto cujo significado não podia ser expresso em palavras. Tanto para o escritor quanto para seu alter ego fictício, a experiência significou o abandono da certeza de que só o mundo material é real. Rubashov é executado no fim do romance. Trocado por um prisioneiro das forças republicanas, Koestler veio a ser libertado e passou o resto da vida tentando entender o que vira na cela.

Publicado em 1954, o livro de memórias em que relatava sua experiência mística recebeu de Koestler o título de *A escrita invisível*. O livro é um testemunho da descoberta de que "existia uma ordem mais alta de realidade, e só ela conferia significado à existência". Mesmo ao evaporar, a experiência deixava em seu rastro

> [...] uma essência sem palavras, uma fragrância de eternidade, um estremecimento da flecha no azul [...]. Eu devo ter ficado ali alguns minutos, extasiado, na consciência livre de palavras de que "isto é perfeito — perfeito", até me dar conta de um leve desconforto mental por trás de minha mente, alguma circunstância trivial que comprometia a perfeição daquele momento. Então eu me lembrei da natureza daquela perturbação irrelevante: naturalmente, eu estava na prisão e podia ser executado. Mas a isso veio imediatamente a resposta de um sentimento cuja tradução verbal poderia ser: "E daí? É só isto? Não tem nada mais sério para se preocupar?" — uma resposta tão espontânea, tão divertida em seu frescor, que parecia que a ameaça de perturbação não passava da perda de um par de abotoaduras. E então eu flutuava de costas num rio de paz, debaixo de pontes de silêncio, vindo de lugar nenhum e indo a lugar nenhum. E depois não havia rio nenhum nem nenhum "eu". O "eu" deixara de existir.

Quando Koestler se tornou um agente do Comintern controlado pelos soviéticos no início da década de 1930, foi em parte em consequência de uma necessidade de ordem intelectual. Ele vira a luz — a luz da razão — e um padrão se revelara. Lendo *Estado e revolução*, de Lenin, "deu-se no meu cérebro um estalo que me sacudiu como uma explosão mental. Dizer que alguém 'viu a luz' é uma descrição pobre do arrebatamento mental que só o convertido conhece [...]. A nova luz parece brotar do crânio; o universo inteiro se conforma a um padrão, como as peças soltas de um enorme quebra-cabeça magicamente montado de um só gesto".[17]

A busca de um padrão nos acontecimentos o levou ao marxismo-leninismo, que supostamente teria descoberto o desdobramento de uma lógica na história. Tendo encontrado o padrão, Koestler e os comunistas em geral se sentiam obrigados a observá-lo com implacável coerência.

Trabalhando para o Comintern, Koestler viajou para a Ucrânia durante o surto de fome provocado pela ação humana, quando algo entre 4 e 8 milhões de camponeses (os números não são conhecidos com precisão) morreram em consequência do confisco de grãos para a exportação. Apesar de assistir ao surto de fome em massa, ele usou seu trabalho jornalístico para ridicularizar as informações sobre escassez de comida, escrevendo que só alguns poucos camponeses ricos tinham de fato enfrentado seriamente o problema. Eventualmente, sua crueldade também adquiria caráter mais pessoal. Viajando a serviço do partido pela União Soviética, ele teve um caso com uma jovem atraente, uma "antiga pessoa" das velhas classes superiores, a quem viria em seguida delatar à polícia secreta. Mais tarde, sentiria remorso por tê-la traído, mas na época o destino dos indivíduos aparentemente não lhe importava — ainda que o indivíduo fosse ele próprio.

Dedicando sua vida a um padrão da história, Rubashov acabou como uma das baixas da história. Koestler também dedicou parte de sua vida a um padrão, para no fim das contas se deparar com um padrão que não estava na história, mas fora do tempo. Aparentemente, ele nunca foi capaz de aceitar que o caos poderia ser definitivo. O mundo tinha que ser racional, mesmo que sua lógica não pudesse ser apreendida pela razão humana.

Koestler era obcecado pela busca de soluções totais, e é fácil concluir que teria sido melhor que se dedicasse a formas graduais de aperfeiçoamento. Mas essa acusação, feita confortavelmente por gerações de liberais, evidencia uma incapacidade de entender a situação enfrentada por Koestler. Os humanistas liberais acreditam que a humanidade avança para um mundo melhor em etapas, lentamente, por acréscimos graduais: embora

UM VELHO CAOS

as visões utópicas possam ser inatingíveis, o aperfeiçoamento gradual sempre é possível. Essa filosofia — às vezes denominada meliorismo — é apresentada como o inverso de qualquer tipo de utopismo. Na Europa do entreguerras, contudo, era a própria ideia do progresso gradual que se revelava utópica.

A geração de Koestler foi marcada pela sensação de que o mundo mergulhava no caos. Nascido em 1905 em uma família judia próspera e cultivada, Koestler vivenciou o colapso da civilização burguesa da Europa. Considerava-se o inimigo mortal da burguesia — e, como comunista, de fato o era. Em outro nível, voltou-se para o comunismo para renovar a vida burguesa de maneira mais duradoura. Diante do caos da Europa do entreguerras, Koestler substituiu a ilusão do progresso passo a passo por um mito de transformação revolucionária. Mas não demoraria a se dar conta de que também se tratava de uma ilusão.

Em *A escória da Terra* (1941), Koestler relata seu retorno à França depois de libertado na Espanha. Ao estourar a guerra, ele foi internado em um campo e depois libertado. Teve um último encontro com o crítico literário Walter Benjamim, que lhe deu metade do seu suprimento de comprimidos de morfina, a serem ingeridos em caso de captura pelos nazistas. Benjamim fugiu para a fronteira francesa com a Espanha, onde se suicidou com os comprimidos. Várias vezes contemplando seriamente a possibilidade de se matar, chegando em dado momento a engolir alguns dos comprimidos de Benjamim, Koestler livrou-se da morte em parte por sorte, em parte por habilidade. Entrando para a Legião Estrangeira, da qual acabou desertando, ele fugiu da França pelo norte da África e Lisboa, chegando à Grã-Bretanha de avião no dia 6 de novembro de 1940.

Relato factual da desintegração da sociedade francesa durante a ocupação alemã, *A escória da Terra* também é um exercício de autoexame. Observando de perto a queda da França, Koestler abandonou as crenças que até então haviam guiado sua vida. Ele imaginara que a humanidade ansiava por liberdade. Mas agora chegava à conclusão de que os seres humanos eram incuravelmente irracionais: "Talvez o gênio de Hitler não fosse a demagogia, a mentira, mas a abordagem fundamentalmente irracional das massas, o apelo à mentalidade pré-lógica, totêmica."

Buscando uma metáfora para capturar o colapso francês, Koestler voltou-se para o mundo dos insetos. Ele escreve que ao ser informado de que Sedan, onde forças francesas e britânicas resistiam ao avanço alemão, tinha sido evacuada, estava lendo *A vida das formigas* (1926), do escritor belga Maurice Maeterlinck, um estudo sobre o cupim. "Toda essa destruição", escrevera Maeterlinck, "é promovida sem que se perceba viv'alma. Pois esses insetos, que são cegos, têm a capacidade de efetuar sua tarefa sem serem vistos. O trabalho é efetuado em silêncio, e só um ouvido muito alerta pode reconhecer o barulho do mordiscar de milhões de mandíbulas na noite, devorando a estrutura do prédio e preparando o seu colapso [...]. Um lavrador entra em casa após uma ausência de cinco ou seis dias; aparentemente, tudo está como ele deixou, nada mudou. Ele senta em uma cadeira, ela desmorona. Agarra-se à mesa para se reequilibrar, ela se desfaz em pedaços em suas mãos. Ele se recosta na pilastra central, que cede, fazendo desmoronar o teto em uma nuvem de poeira." A experiência de Koestler com a queda da França foi semelhante à do lavrador ao voltar para casa. "Foi o momento em que a cadeira debaixo de nós desabou. O que veio então foi só balançar e titubear em uma casa em colapso, onde tudo aquilo em que tentávamos nos segurar se transformava em um punhado de poeira em nossas mãos."[18]

Koestler percebeu um fato que os melioristas liberais se recusam a encarar: muitas vezes o progresso gradual é impossível. Quando a ilusão do progresso gradual foi esfacelada pelos acontecimentos, Koestler — juntamente com muitos outros de sua geração — chegou à conclusão de que as catástrofes eram uma parte necessária do progresso humano. Fome e guerra civil, mortes em massa e ditaduras brutais eram etapas do caminho para um mundo melhor do que qualquer outro já existente.

Como crença pragmática, tinha certas vantagens. Os conflitos assassinos da Europa do entreguerras podiam ser encarados como uma etapa necessária da qual acabaria surgindo a ordem. Como logo veria Koestler, o projeto em que essa fé se corporificava — a experiência soviética — não passava de outro desastre. Milhões foram esfolados vivos para que uma nova pele pudesse ser costurada em seus corpos ensanguentados. A maioria dos sujeitos à experiência morreu, e os sobreviventes preservaram sua velha carne humana cheia de cicatrizes. Mas ao trabalhar para a causa soviética,

UM VELHO CAOS

Koestler não estava se omitindo em relação a algum elevado ideal liberal de aperfeiçoamento racional. Agia com base em uma avaliação perfeitamente realista da situação europeia.

A suprema catástrofe de uma Europa dominada pelo nazismo foi evitada, mas Koestler não voltou à crença liberal no progresso gradual. O que fez foi dar as costas à política. No fim da vida, dedicou-se ao estudo da psicologia paranormal e de correntes não ortodoxas da biologia, na esperança de encontrar alguma substância científica para o que vira na cela da prisão. Mas não encontrou o que procurava. Acometido de leucemia e doença de Parkinson, ele e a mulher se suicidaram em 1983.

As incursões de Koestler no misticismo e na parapsicologia são facilmente descartadas como fantasias. Na melhor das hipóteses, podem ser consideradas especulações interessantes. Mas não são tão fantásticas quanto a ideia de que a humanidade vem lentamente ascendendo a uma forma mais elevada de civilização.

O TÚMULO DO IMPERADOR

Em sua autobiografia, *O mundo de ontem* (1942), o escritor Stefan Zweig refere-se ao Império Habsburgo em que cresceu como "um mundo de segurança":

> Tudo em nossa monarquia austríaca quase milenar parecia basear-se na permanência, e o próprio Estado era o principal fiador dessa estabilidade [...]. Nosso dinheiro, a coroa austríaca, circulava em reluzentes moedas de ouro, garantia de imutabilidade. Todo mundo sabia quanto possuía e conhecia seus direitos, o que era permitido e o que era proibido [...]. Nesse vasto império, tudo se mantinha firme e imutável no devido lugar, e à sua frente estava o idoso imperador; e se ele viesse a morrer, todos sabiam (ou acreditavam) que outro tomaria o seu lugar, e nada mudaria na harmoniosa ordem. Ninguém pensava em guerras, revoluções ou revoltas. Tudo que fosse radical, toda violência parecia impossível em uma era de razão.[19]

O SILÊNCIO DOS ANIMAIS

A visão de Zweig deixava de fora muita coisa turbulenta e incerta no vasto reino dos Habsburgo. Ainda assim, o mundo por ele descrito de fato existia — até que a Primeira Guerra Mundial acabou com ele. Em boa parte da Europa, exércitos rivais de despossuídos lutavam pelo poder, em um empenho que logo se transformou em luta de morte. Com a ajuda de Woodrow Wilson, o profeta americano da autodeterminação nacional que selou a destruição da ordem dos Habsburgo na Conferência de Paz de Versalhes, a Europa se transformou em um campo de batalha de grupos étnicos. As classes médias foram arruinadas à medida que a vida econômica oscilava entre inflação e deflação e novamente de volta à hiperinflação, enquanto os trabalhadores enfrentavam desemprego em massa. A política se estilhaçou em fragmentos extremistas, com movimentos comunistas e fascistas rejeitando a democracia e partidos moderados impotentes na sustentação do centro.

A velha ordem tinha explodido, e nada havia para substituí-la. Não havia apenas o conflito entre interesses e objetivos dos grupos sociais e étnicos. Ideais e valores se opunham irreconciliavelmente. Em tais circunstâncias, o aperfeiçoamento gradual era apenas mais um sonho utópico. O progresso na civilização só é possível nos interlúdios em que a história cruza os braços.

Em *O túmulo do imperador*, novela publicada em 1938, Joseph Roth capturou um desses últimos momentos a ocorrerem em sua vida, ao descrever uma estação ferroviária no verão de 1914:

> A estação ferroviária era minúscula [...]. Todas as pequenas estações das pequenas cidades de província eram parecidas no velho Império Austro-Húngaro. Pequenas e pintadas de amarelo, pareciam gatos preguiçosos deitados na neve durante o inverno, e, no verão, protegidos pelo telhado de vidro sobre a plataforma, sob o olhar observador da dupla águia negra contra o pano de fundo amarelo. O carregador era o mesmo em toda parte, fosse em Sipolje ou Zlotogrod, a barriga estufada no inofensivo uniforme azul-escuro, e no peito o cinturão negro ao qual ficava presa a sineta, cujo infalível repique agudo anunciava a partida do trem. Em Zlotogrod, também, como em Sipolje, pendia do alto do escritório do chefe da estação, na plataforma, o aparelho de ferro negro pelo qual se ouvia milagrosamente o toque distante e nítido do telefone, delicados e encantadores sinais de

UM VELHO CAOS

outros mundos que nos faziam tentar imaginar por que se refugiavam em morada tão pequena e pesada. Na estação de Zlotogrod, como em Sipolje, o carregador saudava a chegada e a partida do trem, e sua saudação era uma espécie de bênção militar.[20]

Esse mundo acabou com a Primeira Guerra Mundial e o que se seguiu. O fator desencadeador da catástrofe foi um assassinato que podia perfeitamente não ter acontecido. O nacionalista sérvio Gavrilo Princip, que matou a tiros Francisco Ferdinando em Sarajevo no dia 28 de junho de 1914, fazia parte de uma gangue que tentara mandar o arquiduque pelos ares pouco depois das dez horas naquela manhã. A tentativa fracassou, Francisco Ferdinando a descartou com uma risada e o comboio seguiu na direção do compromisso oficial. Encerrado o evento, ele voltou ao carro, que partiu com os outros do comboio. Mas o motorista errou o caminho, o carro ficou retido e Princip, que após o fracasso do atentado a bomba tinha ido a uma delicatessen próxima, conseguiu atirar no arquiduque a curta distância. Se o motorista não tivesse feito o desvio, se o automóvel não tivesse ficado retido ou se Princip não tivesse ido à delicatessen, o assassinato não teria ocorrido. Uma vez ocorrido, tudo se seguiu.

Contemplando retrospectivamente o reino dos Habsburgo do ponto de vista da Europa na década de 1930, a visão evocada por Roth era ricamente enfeitada pela memória. Mas é verdade que o mundo cuja perda era por ele pranteada carecia das piores manchas humanas daquele que estava por vir. O Império Habsburgo não era um Estado moderno, nem mesmo durante os sessenta e tantos anos em que, no reinado de seu último imperador, Francisco José I, veio a abraçar os mais recentes avanços da tecnologia moderna, como as ferrovias e o telégrafo. Na decrépita ordem de Francisco José I, os males antigos, revividos em Estados mais modernos na busca de um mundo melhor, estavam em certa medida aplacados. A tortura fora abolida pela imperatriz Maria Theresa em 1776. Ódio e fanatismo não faltavam: a Viena *fin-de-siècle* tinha um prefeito virulentamente antissemita, por exemplo. Ainda assim, a ausência de democracia no sistema dos Habsburgo servia de barreira aos movimentos xenófobos de massa que mais tarde varreriam a Europa central. Os habitantes do império eram antes súditos que cidadãos

— condição que os privava do prazer de justificar o ódio pela referência aos ideais do autogoverno. Só com a luta pela autodeterminação nacional é que se veio a acreditar que todo ser humano precisava pertencer a um grupo definido em oposição aos demais.

Roth analisou esse processo em um conto, "O busto do imperador" (1935). Alguns anos antes da Primeira Guerra Mundial, escreve ele, "a chamada 'questão nacional' começou a se fazer sentir de maneira aguda na monarquia. Todos se alinhavam — fosse porque quisessem ou simplesmente fingissem querer — com este ou aquele dos muitos povos que havia na velha monarquia. Pois se descobrira no século XIX que todo indivíduo precisa pertencer a determinada raça ou nação, se quisesse de fato ser um completo indivíduo burguês [...] toda aquela gente que sempre fora apenas austríaca, em Tarnopol, Sarajevo, Viena, Brunn, Praga, Czernowitz, Oderburgo, Troppau, que nunca fora senão austríaca, começava agora, em obediência à 'ordem do dia', a se considerar parte da 'nação' polonesa, tcheca, ucraniana, alemã, romena, eslovena, croata — e assim por diante, a mais não poder".[21] Com o esfacelamento da monarquia dos Habsburgo, esses grupos recém-formados puderam se posicionar na luta por terras e poder que se seguiu. Como previra Roth, os dispositivos arcaicos do império foram substituídos por emblemas modernos de sangue e solo.

Tendo começado como um progressista contemplando avidamente o futuro, Roth acabou como um reacionário retrospectivamente voltado com nostalgia para o império de Francisco José I. Ele sabia que sua nostalgia não fazia sentido. A velha monarquia tinha sido destruída não só pela Primeira Guerra Mundial, mas pela força dos ideais modernos. Como poderia um adepto do progresso aceitar um tipo de autoridade que repousava nos acidentes da história? Mas a luta pelo poder que se seguiu ao fim da antiga ordem do império era selvagem e implacável.

Paralelamente à formação das nações, havia o "problema das minorias nacionais". A limpeza étnica — a expulsão e a migração forçada dessas minorias — era parte integrante da construção da democracia na Europa central e oriental. Os pensadores progressistas viam esse processo como um estágio no caminho para a autodeterminação universal. Roth não tinha tais ilusões. Sabia que o resultado só poderia ser assassinatos em massa. Escrevendo a

Zweig em 1933, ele advertiu: "Estamos sendo levados a grandes catástrofes [...] tudo isso leva a uma nova guerra. Não aposto um centavo nas nossas vidas. Eles estabeleceram um reinado de barbárie."

Roth escapou ao destino que previu para si mesmo e os outros. Fugiu da Alemanha, onde escrevia para o diário liberal *Frankfurter Zeitung*, e se estabeleceu em Paris, onde escreveu alguns de seus melhores romances, contos e trabalhos jornalísticos. Foi na capital francesa que morreu de cirrose alcoólica em 1939. No seu enterro, um representante da monarquia dos Habsburgo e um delegado do partido comunista estiveram lado a lado junto ao túmulo, enquanto eram ditas orações judaicas e católicas. Zweig sobreviveu por mais tempo, deixando a Áustria em 1934, vivendo na Grã--Bretanha e nos Estados Unidos e afinal se mudando para o Brasil em 1941. Um ano depois, temendo uma vitória do Eixo depois da queda de Cingapura, suicidou-se com a mulher, dias depois de concluir *O mundo de ontem* e enviar o manuscrito para o editor.

DOIS VEZES DOIS É IGUAL A CINCO

Quando Winston Smith está sendo torturado em *1984*, de George Orwell, o interrogador O'Brien levanta quatro dedos e exige que Smith lhe garanta honestamente que são cinco. O'Brien não se satisfaria com uma mentira extraída sob pressão. Quer que Smith *veja* cinco dedos. O interrogatório é longo e atormentado:

> — Você demora a aprender, Winston — disse O'Brien suavemente.
> — E o que posso fazer? — berrou ele, em lágrimas. — Como poderia deixar de ver o que está diante de meus olhos? Dois e dois são quatro.
> — Às vezes, Winston. Às vezes são cinco. Às vezes são três. Às vezes são tudo isso ao mesmo tempo. Você precisa se esforçar mais. Não é fácil ter lucidez.

Smith é submetido a mais torturas — mas não como punição, explica O'Brien. No passado, os inquisidores forçavam os torturados a confessar; mas as confissões não mereciam crédito, fosse de quem as fazia ou dos outros.

34 O SILÊNCIO DOS ANIMAIS

Com o tempo, os torturados passaram a ser venerados como mártires, e os torturadores, considerados tiranos. O'Brien fala a Winston dos progressos alcançados desde então:

> Não cometemos erros dessa natureza. Todas as confissões feitas aqui são verdadeiras. Nós as tornamos verdadeiras. E, acima de tudo, não permitimos que os mortos se levantem contra nós. Você precisa parar de pensar que será vingado pela posteridade, Winston. A posteridade nem vai saber da sua existência. Você vai ser varrido da corrente da história. Vamos transformá-lo em gás e jogá-lo na estratosfera. Nada restará de você; nem o nome num registro, nem uma lembrança em cérebro vivo. Será aniquilado tanto do passado quanto do futuro. Nunca terá existido.

Smith precisa ser capaz de enxergar cinco dedos sempre que for instruído a fazê-lo; mas deve fazê-lo livremente:

> O'Brien deu um leve sorriso. "Você é uma falha no padrão, Winston. Uma mancha que precisa ser eliminada. Já não lhe disse que somos diferentes dos perseguidores do passado? Não nos contentamos com a obediência negativa, nem mesmo com a mais abjeta submissão. Quando você finalmente se render a nós, terá que ser por sua livre e espontânea vontade."[22]

Winston escrevera em seu diário: "Liberdade é a liberdade de dizer que dois e dois são quatro." O'Brien quer fazê-lo aceitar que dois e dois são cinco. Quando vir que é esta a verdade, Winston estará salvo.

A ideia de que liberdade é a possibilidade de dizer que dois e dois somam quatro surgiu nos escritos de Orwell antes da publicação de *1984*. O romance foi publicado em 1949, mas em seu ensaio "Olhando retrospectivamente para a guerra espanhola", escrito em 1942, Orwell observou:

> A teoria nazista nega especificamente que exista "a verdade". Não existe, por exemplo, a "ciência". Existe apenas a "ciência alemã", a "ciência judaica" etc. O objetivo implícito nessa linha de pensamento é um mundo em que o Líder, ou a facção no poder, controla não só o futuro como também *o*

UM VELHO CAOS

passado. Se o Líder disser sobre determinado acontecimento que "Nunca aconteceu" — bem, é porque nunca aconteceu. Se disser que dois e dois são cinco, é porque dois e dois são cinco.[23]

Já foi dito que Orwell teria se inspirado para esta frase no nazista Hermann Göring, que teria declarado: "Se o Führer assim quiser, dois e dois são cinco." Mas existe outra fonte, um livro resenhado por Orwell em *The New English Weekly* em junho de 1938. No capítulo 15 do Livro II de seu livro *Missão na utopia*, intitulado "Dois mais dois são cinco", Eugene Lyons escreveu a respeito do período que passou na União Soviética na década de 1930:

> A industrialização foi levada adiante em meio a grande estridor e frenéticos gritos de guerra. Os informes sobre obras de construção, produção fabril e novas fazendas coletivas e estatais expulsavam todas as demais notícias das primeiras páginas. Tambores de alarme eram tocados o tempo todo: alguma falha nesta ou naquela frente econômica, clamores de sabotagem, súbitas detenções e fuzilamentos de engenheiros e administradores. Apesar disso, os planos eram constantemente alcançados e mesmo superados. Novas energias e entusiasmos, novas ameaças também, vinham surtindo efeito [...].
>
> Era um frenesi de otimismo. Cada novo sucesso estatístico representava mais uma justificativa para as políticas coercitivas pelas quais havia sido alcançado. Todo revés era mais um estímulo para as mesmas políticas. O slogan "O plano quinquenal em quatro anos foi promovido" e os símbolos mágicos "5-em-4" e "2+2=5" eram afixados e proclamados no país inteiro.
>
> A fórmula 2+2=5 imediatamente chamou minha atenção. Pareceu-me ao mesmo tempo audaciosa e ridícula — a ousadia e o paradoxo e o trágico absurdo do cenário soviético, sua simplicidade mística, seu desafio à lógica, tudo isto reduzido a uma aritmética caricata [...] 2+2=5: nas lâmpadas elétricas das fachadas das casas em Moscou, em letras garrafais nos cartazes de rua, o erro planejado, a hipérbole, o otimismo perverso; algo de infantil obstinação e impressionante imaginação [...].[24]

Um realismo herdado do difícil começo na vida pode explicar a incapacidade de Lyons de aceitar a mágica aritmética do Plano Quinquenal. Nascido em 1898 na Bielorrússia, na época parte do império russo, ele cresceu num bairro pobre de Nova York. Depois de servir no Exército americano durante a Primeira Guerra Mundial, envolveu-se em atividades radicais, defendendo os anarquistas Sacco e Vanzetti, executados por participar de um assalto à mão armada, mas de cuja inocência Lyons estava convencido, e afinal se tornando um simpatizante do partido comunista americano, um dos chamados "companheiros do caminho". Desviando-se para o jornalismo, ele começou a trabalhar para o *Daily Worker*. Entre 1923 e 1927, trabalhou para a agência de notícias soviética TASS e, de 1928 a 1934, para a United Press International americana (UPI) como correspondente em Moscou, onde foi convidado para uma entrevista pessoal com Stalin.

Munido de firme crença no sistema soviético ao chegar, ele participou de uma campanha inspirada pelos censores soviéticos para desacreditar o jornalista galês Gareth Jones, ex-secretário particular do primeiro-ministro britânico Lloyd George, cujas reportagens sobre a fome na Ucrânia causavam embaraço para as autoridades soviéticas. Pelo relato por ele feito em *Missão na utopia*, "A imprensa esconde um surto de fome", fica parecendo que os motivos de Lyons para participar da campanha eram puramente pragmáticos. Como os demais correspondentes, ele temia ser privado de visto se não cooperasse com a censura soviética. Caso isso acontecesse, ele deixaria de ser útil para seu jornal e ficaria desempregado no auge da Depressão. Lyons e os outros jornalistas publicaram uma série de artigos atacando Jones, e continuaram trabalhando como correspondentes. Jones foi expulso da União Soviética e deu prosseguimento a seu trabalho no Extremo Oriente, onde foi morto em 1935 em um assalto à mão armada que, segundo alguns, teria sido instigado pelos serviços soviéticos de segurança.[25]

Ao participar da campanha para desacreditar Jones, Lyons pôde ver as realidades da vida soviética com a mesma clareza que o jornalista galês em sua campanha. Muito poucos livros de ocidentais que viajaram pela União Soviética contêm qualquer menção de cenas que eram lugar-comum na época: crianças abandonadas rondando as estações ferroviárias, sobreviventes dos milhões de órfãos gerados pela guerra civil, que desapareciam

UM VELHO CAOS

nas mãos dos órgãos de segurança e voltavam a se multiplicar quando outra geração de órfãos era gerada pela coletivização das fazendas; os próprios camponeses eram arrebanhados em trens

> [...] em estações ferroviárias do interior por guardas do GPU [a polícia da Administração Política do Estado], como animais perplexos, de olhar perdido no espaço. Dóceis e desgrenhadas, essas criaturas exauridas pelo trabalho dificilmente poderiam ser consideradas os *kulaks* (camponeses capitalistas ricos) dos cartazes de propaganda. O espetáculo dos camponeses conduzidos por soldados empunhando revólveres pelas ruas de Moscou era demasiado comum para merecer mais que um olhar distraído dos passantes nas calçadas.[26]

Mas não era apenas a deportação de camponeses à mão armada que escapava à atenção dos visitantes ocidentais. Muito poucos mencionavam as lojas especiais onde aqueles que tinham acesso à "valuta" podiam comprar produtos fora do alcance dos cidadãos comuns. Usada para se referir a essas lojas, a palavra valuta significava moeda estrangeira ou cupons de crédito adquiridos pela venda de ouro — a única maneira de comprar produtos, embora os preços fossem mencionados em rublos. Como relata Lyons, valuta tinha um significado mais genérico — "valores reais" —, aplicado em muitos contextos: "Lojas valuta, restaurantes valuta, detenções valuta, torturas valuta, prostitutas valuta: apenas algumas dimensões dessa inesgotável palavra."[27]

Lyons descreve os artigos de luxo de uma dessas lojas em Moscou:

> O milagre do pão branco: pãezinhos crocantes em maravilhosa pilha no balcão. Não aquele pão meio escuro que era oferecido como pão branco, para comprar com rublos, nas lojas comuns, mas um pão luminosamente real. Na outra extremidade da loja ficava a seção de joias. O brilho dos rubis e diamantes para compradores estrangeiros não tinha metade do esplendor dos pãezinhos brancos; as pedras preciosas reluzem com um fulgor interno frio, ao passo que os pães brancos são prismas que refletem o fascínio nos olhos dos russos famintos. Também havia manteiga,

queijos, o insosso salmão do Volga e grandes pedaços de carne ensan-
guentada. Mas o pão branco se destacava entre tudo mais, ao mesmo
tempo substância e símbolo do desejo.[28]

Os russos que tivessem ouro — "moedas tsaristas, colheres, bugigangas,
alianças, velhas obturações dentárias" — o levavam a um balcão da loja onde
recebiam em troca um cupom. Mais tarde, cupons especiais foram emitidos
para facilitar o processo, e assim se tornaram outra moeda de troca, de trinta
a sessenta vezes mais valorizadas que o rublo soviético.

Havia para os russos certo risco em recorrer às lojas, mas a fome e o
desespero não lhes deixavam alternativa. Embora as autoridades tivessem
anunciado que não seriam pedidos documentos de identificação, a polícia
secreta fez milhares de detenções com base em informações fornecidas
pelas lojas. Qualquer suspeito de ter ouro ou outros objetos de valor era
sistematicamente torturado, embora em sua maioria os detentores de bens
valiosos os tivessem adquirido legalmente. Entre as técnicas de tortura estavam a "sauna", o "quarto de piolhos", a "linha de montagem", a "câmara
fria" e outros métodos. Se os suspeitos não entregassem bens preciosos,
seus filhos eram torturados — processo que poderia ser bem demorado se
as vítimas não tivessem tais bens. Os torturados muitas vezes eram judeus,
considerados detentores de valuta porque às vezes recebiam dinheiro de
parentes dos Estados Unidos.

Embora a prática da tortura valuta fosse conhecida de muitos correspondentes ocidentais, nenhum deles a mencionava em seus despachos. Seria
um ato de desafio capaz de pôr fim a uma carreira. O mais curioso é o fato
de tão poucos visitantes ocidentais terem notado o estado de fome e pavor
dos russos comuns.

Um dos motivos da tortura valuta era a diminuição dos rendimentos das
exportações soviéticas. Na década de 1930, a União Soviética foi tão fortemente atingida pela Depressão quanto os países ocidentais. E, no entanto,
personalidades que tinham muito pouco a perder falando abertamente
— Bernard Shaw e Lady Astor, entre outros — voltaram de suas visitas ao
país com maravilhosos relatos sobre os avanços sociais. Ao retornar para os
Estados Unidos na condição de convicto anticomunista, Lyons se posicio-

nava em uma minúscula minoria. Em sua maioria, os visitantes ocidentais da União Soviética aceitavam alegremente a pseudorrealidade que lhes era apresentada. Possuídos por um ideal do progresso, não tinham dificuldade de aceitar que dois e dois fazem cinco.

Com o tempo, esse ideal perderia força. O'Brien dissera a Winston que a realidade era uma invenção humana:

> Você acredita que a realidade é algo objetivo, externo, existindo por si mesmo [...]. Ao se iludir achando que está vendo algo, você presume que todo mundo vê a mesma coisa que você. Mas eu lhe digo, Winston, que a realidade não é externa. A realidade existe na mente humana, e só nela. Não na mente individual, que pode cometer erros, e de qualquer maneira logo se extingue: apenas na mente do partido, que é coletiva e imortal. Tudo aquilo que o partido considera verdadeiro é verdadeiro.[29]

O'Brien não diz que o partido ignora as leis da aritmética. Afirma que as leis da aritmética são o que o partido quiser que sejam. Refazendo o mundo da maneira que lhe aprouvesse, o partido ficaria eternamente no poder. "O partido busca o poder pelo poder", diz ele a Winston. "Não estamos interessados no bem dos outros; estamos interessados exclusivamente no poder. Nem riqueza nem luxo nem vida longa nem felicidade: apenas poder, puro poder." Esse poder se exerce, sobretudo, sobre as coisas humanas; mas também é um poder sobre o mundo material. "Nosso controle da matéria já é absoluto [...]. Não há o que não sejamos capazes de fazer. Invisibilidade, levitação — qualquer coisa [...]. Você precisa se livrar dessas ideias novecentistas a respeito das leis da Natureza. Nós fazemos as leis da Natureza." No mundo que está sendo criado por O'Brien, existe apenas poder: "Se quiser ter uma imagem do futuro, imagine uma bota pisando um rosto humano — para sempre."[30]

Em uma curiosa inversão, a interpretação dada por Orwell a "dois e dois são cinco" é o oposto da interpretação de Dostoievski, em cujos textos as leis da aritmética são usadas pela primeira vez para uma crítica do utopismo. Em *1984*, é a fórmula "dois e dois são cinco" que anula a liberdade humana. Em *Notas do subterrâneo*, "dois vezes dois igual a quatro" é que é rejeitado como uma algema da liberdade. O homem do subterrâneo se rebela contra o "palácio de cristal" do racionalismo. Ao descobrir as leis da natureza e obedecer a elas, acreditavam os pensadores progressistas, a humanidade poderia criar um mundo sem tirania. Para o homem do subterrâneo, contudo, são essas leis universais — "muralhas de pedra", como as designa — que bloqueiam o caminho para a liberdade: "Senhor Deus, que me importam as leis da natureza e da aritmética se essas leis não me agradam, por algum motivo, nem me agrada o fato de dois e dois serem quatro? Naturalmente, não vou romper essa muralha com a cabeça se não tiver força para tanto, nem vou aceitá-lo só porque estou diante de uma muralha de pedra e não tenho forças suficientes."[31] Querendo alcançar a liberdade humana pela obediência às leis universais, o palácio de cristal destruiria a capacidade de agir de encontro a essas leis — a mais fundamental das liberdades.

O projeto contra o qual Winston se revolta é o oposto daquele contra o qual se rebela o homem do subterrâneo de Dostoievski. Em vez de pregar a submissão às leis universais, como faziam os racionalistas do século XIX, O'Brien reivindica o poder de fazer essas leis. Mas os dois projetos servem à mesma fantasia infantil: a onipotência mágica do pensamento. Seja afirmada nos termos da lógica clássica ou negada nos da vontade romântica, a mensagem é a mesma: a mente humana é a medida da realidade. No século XX, os dois projetos de tal maneira se fundiram que dificilmente podiam ser distinguidos. Afirmando que a humanidade progride na superação das contradições, a lógica dialética do marxismo-leninismo reproduzia a mágica aritmética observada em ação por Lyons.

Ao contrário do que sustentaram gerações de progressistas ocidentais, não foram o atraso nem os erros russos na aplicação da teoria marxiana que geraram a sociedade observada por Lyons. Regimes semelhantes foram implantados sempre que se experimentou o projeto comunista. A Rússia de Lenin, a China de Mao, a Romênia de Ceausescu e muitos outros representavam variantes de um mesmo modelo ditatorial. Tendo sido um movimento que objetivava a liberdade universal, o comunismo se transformou em um sistema de despotismo universal. É a lógica da utopia. Se *1984* é um mito tão poderoso, um dos motivos é o fato de capturar essa verdade.

UM VELHO CAOS

Mas há uma falha na história de Orwell, que se manifesta no seu retrato do todo-poderoso interrogador. A distopia do poder perpétuo é uma fantasia, assim como O'Brien. Os torturadores soviéticos eram funcionários sempre pisando em ovos e vivendo em medo permanente. Como suas vítimas, sabiam que eram recursos que seriam usados e descartados no serviço do poder. Não havia no partido nenhuma elite a salvo das contingências da história.

A realidade não era inventada na antiga União Soviética, apenas negada por certo tempo. Por trás dos slogans existia de fato um mundo em que o solo e os lagos eram envenenados pela industrialização acelerada, gigantescos projetos sem utilidade eram construídos a um enorme custo humano e a vida cotidiana era uma luta predatória pela sobrevivência. Milhões morreram desnecessariamente e dezenas de milhões tiveram suas vidas destruídas, na maioria dos casos mal chegando a deixar traços de que haviam existido. Sob a superfície, contudo, poderosas correntes fluíam, e com o passar do tempo removeriam a pseudorrealidade que tanto encantava os peregrinos ocidentais. A distopia soviética acabou por se tornar apenas mais um bocado de lixo nos escombros da história.

O QUE UM TIRANO PODE FAZER POR VOCÊ

O jornalista liberal alemão Sebastian Haffner, que acompanhou a ascensão de Hitler até ser forçado a fugir para Londres com sua noiva judia em 1938, acreditava que, entre aqueles que não aterrorizava ou assassinava, a Alemanha nazista conseguira criar uma condição de felicidade coletiva. Escrevendo em 1979, ele observou:

> Onde a vida da ampla maioria de alemães que não eram racial ou politicamente rejeitados ou perseguidos diferia no Terceiro Reich da vida que tinham na Alemanha anterior a Hitler, e também da vida na atual República Federal, e onde se assemelhava à vida de hoje na República Democrática Alemã como duas gotas d'água, era no fato de que, de longe, a maior parte deles participava de comunidades ou "coletivos" extradomésticos que a

maioria, fosse oficialmente compulsória ou não a associação como membros, não tinha na prática como evitar [...]. Naturalmente, as canções entoadas e os discursos feitos eram diferentes no Terceiro Reich e na RDA de hoje. Mas as atividades, a agitação, as marchas e os acampamentos, os cânticos e as celebrações, as maquetes, o treinamento físico e de uso de armas de fogo eram os mesmos, exatamente como a inegável sensação de segurança, companheirismo e felicidade que florescia nessas comunidades. Na medida em que impôs essa felicidade à população, Hitler indubitavelmente era um socialista — e um socialista bem eficiente.

Mas *seria* felicidade? Ou a imposição deixava as pessoas infelizes? Na RDA de hoje muitos tentam fugir da felicidade imposta; mas, ao chegarem à República Federal, não deixam de se queixar da solidão, que é o outro lado da moeda da liberdade individual. As coisas provavelmente eram semelhantes no Terceiro Reich. Não vamos aqui tentar decidir quem é mais feliz, o homem socializado ou o homem vivendo como indivíduo.[32]

Haffner respondeu à própria pergunta em *Desafiando Hitler*, livro de memórias de sua vida na Alemanha que começou a ser escrito em 1939, pouco depois de Haffner se exilar na Grã-Bretanha. A obra só seria publicada em 2002 por iniciativa de seu filho, três anos depois da morte do pai, aos 91 anos.

Muitos alemães eram felizes na época do nazismo:

> Dizem que os alemães são submissos. O que apenas em parte é verdade. Eles também são outra coisa, algo pior, que não tem nome: eles são "camaradados", uma condição terrivelmente perigosa. Levavam uma vida de drogados em um mundo de sonhos. São terrivelmente felizes, mas terrivelmente degradados; tão cheios de si, mas tão infinitamente repulsivos; tão orgulhosos e, no entanto, tão desprezíveis e desumanos. Acham que estão escalando montanhas muito altas, quando na realidade rastejam num pântano.[33]

A felicidade testemunhada por Haffner na Alemanha nazista convivia com o terror. Para muitos alemães, contudo, terror e felicidade não eram incompatíveis. Escreve Haffner:

> A história europeia conhece duas formas de terror. A primeira é a incontrolável explosão sanguinolenta dos levantes de massa. A outra é a crueldade fria e calculista cometida por um Estado vitorioso como demonstração de poder e intimidação. As duas formas de terror normalmente correspondem à revolução e à repressão. A primeira é revolucionária. Justifica-se pela raiva e exaltação do momento, uma loucura temporária. A segunda é repressiva. Justifica-se pelas anteriores atrocidades revolucionárias.
>
> Coube aos nazistas combinar as duas formas de terror de um modo que invalida ambas as justificações.[34]

Unindo os dois tipos de terror em um sistema único, os nazistas o utilizaram para criar a camaradagem mencionada por Haffner.

A solidariedade coletiva da Alemanha nazista se sustentava na incessante criação de inimigos internos. Gays, ciganos e judeus não eram apenas discriminados como no passado. Eram ativamente perseguidos, o que era essencial para a euforia coletiva criada pelo regime nazista.

Como registra o escritor Victor Klemperer em seu diário, no qual descreve a perseguição sofrida por ele e sua mulher (que não era judia) nos anos do nazismo — inclusive serem forçados a sacrificar seu gato, pois os judeus no podiam ter animais de estimação —, havia momentos em que vizinhos e comerciantes demonstravam bondade, fornecendo-lhes alimentos e barras de chocolate. Felizmente, a solidariedade popular nunca é total. Mas não resta dúvida de que o sofrimento infligido aos judeus era parte integrante da felicidade que os nazistas conseguiram fabricar no restante da população. Para parecer apetitoso, o mingau ralo da alegria comunitária precisava ser fortemente temperado com crueldade.

Embora usassem a urna quando lhes convinha, os nazistas eram um movimento insurrecional. Hitler chegou ao poder derrubando a República de Weimar, um regime liberal; a democracia foi minada e substituída pela tirania. *Bien-pensants* insistirão que a revolta contra a tirania tem uma dinâmica diferente, e é verdade que os revolucionários podem ser genuínos amantes da liberdade. Mas, no curso das revoluções pelas quais eles lutam, a maioria é apagada da história.

Ao derrubar o tirano, os indivíduos se sentem livres para tiranizar uns aos outros. Segue-se muitas vezes um período de anarquia, que raramente dura muito. A necessidade de ordem logo se impõe. Mas o terror da fria repressão que acompanha a consolidação do novo regime pode não ser tão diferente do derramamento de sangue revolucionário quanto sustenta Haffner. Ambos redundam em uma psicose coletiva, reação que tem sido usada na história para a adaptação a condições extremas. A tirania alivia o peso da sensatez e permite a expressão de impulsos proibidos de ódio e violência. Agindo com base nesses impulsos e liberando-os em seus súditos, os tiranos proporcionam uma espécie de felicidade que individualmente cada um talvez não fosse capaz de alcançar.

A derrubada do *ancien régime* na França, dos tsares na Rússia, do xá do Irã, de Saddam no Iraque e de Mubarak no Egito pode ter gerado benefícios para muitos, mas o aumento da liberdade não estava entre eles. Assassinatos em massa, ataques contra minorias, tortura em grande escala, outro tipo de tirania, muitas vezes mais cruel que a que foi derrubada — esses têm sido os resultados... Para supor que os seres humanos são amantes da liberdade, é preciso se dispor a encarar quase toda a história como um erro.

ICTIOFÍDEOS E LIBERAIS

Em *Da outra margem*, coleção de ensaios e diálogos escrita por Alexander Herzen entre 1847 e 1851, o jornalista radical russo imagina um diálogo entre alguém que acredita na liberdade humana e um cético que julga os seres humanos por seu comportamento, e não pelos ideais professados. Para surpresa daquele que acredita, o cético cita a máxima de Rousseau: "O homem nasceu para ser livre — e em toda parte está acorrentado!" Mas o cético o faz apenas para zombar da exaltada declaração de Rousseau:

> Vejo nela uma violação da história e desprezo pelos fatos. O que considero intolerável. Fico ofendido com semelhante extravagância. Além disso, é perigoso afirmar *a priori*, como se fosse um fato, o que na verdade é o xis do problema. Que se poderia dizer a um homem que, sacudindo com

UM VELHO CAOS

tristeza a cabeça, observasse: "Os peixes nasceram para voar — mas em toda parte estão nadando!"?

O cético então apresenta o argumento do "ictiofídeo", o amante da humanidade que acredita que os seres humanos anseiam por liberdade:

> Para começo de conversa, ele vai observar que o esqueleto de um peixe mostra claramente uma tendência a desenvolver as extremidades em forma de pernas e asas. Em seguida, mostrará ossinhos perfeitamente inúteis que constituem indício do osso de uma perna ou de uma asa. Falará então do peixe voador, que prova na verdade que a *espécie* dos peixes não só aspira a voar como eventualmente pode fazê-lo. Tendo dito tudo isto, ele estará justificado ao lhe perguntar, por sua vez, por que você não exige que Rousseau apresente uma justificativa da afirmação de que o homem deve ser livre, vendo que está sempre acorrentado. Por que tudo mais existe como deveria existir, ao passo que, no caso do homem, se dá exatamente o oposto?[35]

A pergunta do cético — fazendo o papel do próprio Herzen — ainda não foi respondida. Em suas memórias, *Meu passado e meus pensamentos*, publicada em oito partes na década de 1850, quando ele vivia no exílio, Herzen relatava como a busca das ilusões — na era moderna, a ilusão da "humanidade" — determinou o curso da história:

> A história se desdobrou por meio de absurdos; os homens constantemente depositaram suas esperanças em quimeras, e alcançaram resultados muito reais. Sonhando acordados, foram atrás do arco-íris, ora buscando o paraíso no céu, ora o céu na terra, e pelo caminho entoaram canções eternas, decoraram os templos com suas esculturas eternas, construíram Roma e Atenas, Paris e Londres. Um sonho dá lugar a outro; o sono *às vezes* fica mais leve, mas nunca se vai totalmente. As pessoas aceitam qualquer coisa, acreditam em qualquer coisa, se submetem a qualquer coisa e se dispõem a sacrificar muito; mas recuam horrorizadas quando pela fissura escancarada entre duas religiões que deixa entrar a luz do dia, sopra sobre elas o frio vento da razão [...].[36]

Isso serve apenas para reafirmar o diagnóstico do cético. Os ictiofídeos se dedicam à sua espécie como acreditam que deveria ser, e não como de fato é ou verdadeiramente quer ser. Eles se apresentam em muitas variedades: o jacobino, o bolchevique e o maoísta, aterrorizando a humanidade para refazê-la segundo um novo modelo; o neoconservador, permanentemente em guerra para alcançar a democracia universal; os cruzados dos direitos humanos, convencidos de que o mundo inteiro quer se tornar como eles próprios imaginam que são...

Os mais notáveis ictiofídeos são talvez os discípulos liberais de Rousseau, que acreditam que a individualidade humana em toda parte é reprimida. Dentre eles, nenhum é tão conhecido quanto o autor de *Da liberdade* (1859), seminal declaração da filosofia ictiofídea. No resumo de sua visão do mundo feito por Herzen, John Stuart Mill ficava

> [...] horrorizado com a constante deterioração das personalidades, do gosto e do estilo, a futilidade dos interesses dos homens e sua carência de vigor; ele olha com clareza e vê com clareza que tudo se torna raso, lugar-comum, vulgar, estereotipado, mais "respeitável", talvez, porém mais banal [...] e diz aos contemporâneos: "Parem! Pensem de novo! Sabem aonde estão indo? *Vejam: sua alma está refluindo.*"
>
> Mas por que será que ele tenta despertar os que dormem? Que caminho, que saída terá encontrado para eles? [...] Os europeus modernos, afirma ele, vivem em uma vã agitação, entregues a mudanças sem sentido: "Ao nos livrar das singularidades, não nos livramos das mudanças, desde que sejam sempre executadas por *todos*. Descartamos a maneira individual e pessoal de se vestir de nossos pais e nos dispomos a alterar o corte das roupas duas ou três vezes por ano, mas só se todo mundo o fizer; isto não é feito de olho na beleza ou na conveniência, mas pela mudança em si mesma [...]. De modo que voltamos atrás e estamos diante da mesma questão. Com base em que princípio haveremos de despertar aquele que dorme? Em nome de que a personalidade débil, hipnotizada por ninharias, será induzida ao descontentamento com sua atual vida de ferrovias, telégrafos, jornais e produtos baratos?"[37]

Os ictiofídeos imaginam que os seres humanos querem uma vida na qual possam fazer suas escolhas. Mas e se só se sentirem realizados com uma vida em que possam seguir uns aos outros? A maioria que segue a moda do momento pode estar agindo com base na secreta consciência de que carece do potencial para uma existência verdadeiramente individual.

O liberalismo — ou pelo menos a variedade ictiofídea — ensina que todos anseiam por ser livres. A experiência de Herzen nas malsucedidas revoluções europeias de 1848 o levou a duvidar que assim fosse. Foi em virtude de sua desilusão que ele criticou Mill com tanta severidade. Mas se é verdade que Mill se iludia ao pensar que todos amam a liberdade, também pode ser verdade que sem essa ilusão não houvesse liberdade alguma. O charme do modo liberal de vida é que permite à maioria abrir mão involuntariamente da própria liberdade. Permitindo que a maioria dos seres humanos se imaginem peixes voadores, embora passem a vida debaixo das ondas, a civilização liberal repousa em um sonho.

ROUPAS DE PAPEL, PIANOS DE CAUDA E BILHÕES

"Pouco antes da Primeira Guerra Mundial, em 1913, o marco alemão, o xelim britânico, o franco francês e a lira italiana valiam mais ou menos a mesma coisa, e quatro ou cinco unidades de qualquer dessas moedas valia cerca de um dólar. No fim de 1923, seria possível trocar um xelim, um franco ou uma lira por até 1.000.000.000.000 de marcos, embora na prática ninguém se dispusesse àquela altura a aceitar marcos em troca de nada. O marco estava morto, valendo um trilionésimo do que valia antes. Levara dez anos para morrer."[38]

Tal como descrita pelo historiador Adam Fergusson em seu livro *When Money Dies: The Nightmare of the Weimar Hyper-Inflation* [Quando o dinheiro morre: o pesadelo da hiperinflação de Weimar] (1975, 2010), a morte do dinheiro foi uma alteração na experiência humana que gerou uma loucura contagiosa. O choque é bem traduzido no relato, citado por Fergusson, de uma viúva de meia-idade sendo informada no banco de que as economias de sua vida inteira haviam perdido três quartos do valor. Protestando com o banqueiro, ela alegava: "Sim, mas são obrigações do governo. Não pode haver nada mais seguro que isto." O banqueiro retrucou: "Onde está o Estado que garantia essas obrigações para a senhora? Morreu."

A viúva escreve então em seu diário que a comida custava cem ou duzentas vezes mais que em 1913. Embora o preço dos ternos não tivesse subido muito, estavam sendo vendidas roupas de papel. Lançando mão de uma reserva de charutos do marido, a viúva conseguiu obter alimentos por escambo. Outros sobreviviam vendendo o que tinham: um elo por dia da corrente de ouro de um crucifixo, um pedaço de carvão em troca de uma camisa, uma camisa por um saco de batatas. Nem todos tinham essa sorte. A viúva relata que "diariamente, dia após dia, graduados funcionários aposentados e idosos caem de fome nas ruas de Viena". Em sua maioria, eram apenas casos de desmaio. "Na prática, as pessoas não morriam simplesmente." Iam vendendo objetos da vida burguesa um a um — uma pintura, um tapete, porcelana, colheres de prata — até que nada mais restasse. Mesmo assim, conseguiam ir em frente.

Como em Nápoles, a maioria sobrevivia para enfrentar a destruição da imagem que haviam formado de si mesmos como seres morais. Seguir o código de épocas anteriores levava apenas à ruína. Como os camponeses se recusassem a trocar alimentos por papel-moeda sem nenhum valor, os saques eram o único recurso. A filha da viúva escreveu em um relato que, indo à igreja em Linz, deparou-se com "os mais variados tipos de indivíduos estranhos". Um sujeito usava três chapéus, um por cima do outro, outros puxavam carroças cheias de latas de conserva, outros ainda despiam-se dos seus andrajos para vestir roupas novas. Quando a filha chegou a Linz, a cidade "parecia ter sido atingida por um terremoto". Encontrou lojas saqueadas e destruídas, cavalos e carroças roubados e levados embora, porcos mortos ou feridos e moribundos, vacas abatidas e com as carnes arrancadas. Como o dinheiro não tinha valor, a população consumia o que encontrasse.

Uma das características da época era uma generalizada sensação de irrealidade. Números inconcebíveis invadiam a vida de todo mundo. Walter Rathenau, o industrial judeu alemão responsável, como ministro do Exterior, pelo trato das indenizações exigidas pelos Aliados à Alemanha depois do fim da Primeira Guerra Mundial, deixou um depoimento escrito sobre estadistas e financistas em seus escritórios, onde "anotam zeros, e nove zeros significam um bilhão. O que é um bilhão? Um bosque contém um bilhão de folhas? Acaso haverá um bilhão de folhas na relva de uma campina? Quem pode saber?". Rathenau foi vítima do delírio que diagnosticou. Voltando para casa de carro numa noite de junho de 1922, sofreu uma emboscada, foi abatido a tiros pelos assassinos e lançado pelos ares por uma bomba.

Na terminologia alemã da época, havia designações próprias para mil milhões, um milhão de milhões e mil bilhões. Em outubro de 1923, observava o embaixador britânico, valores inferiores a um milhão de marcos não eram mais levados em conta, e até os mendigos recusavam uma nota de menor valor. No dia 21 de outubro, a libra valia 8 bilhões de marcos. No dia 26 de outubro, o banco central foi cercado por uma turba exigindo notas de bilhão de marcos. No dia 1º de novembro, estavam prontas para entrar em circulação cédulas de 5 trilhões e 10 trilhões de marcos.

Para fugir dessas somas inimagináveis, a especulação se transformou em um frenesi de massa. Qualquer tipo de riqueza tangível era muito visado. Pianos de cauda se transformaram em bens valiosos para gente incapaz de ler uma nota musical. Mas muito poucos dos que se viram apanhados nesse frenesi conseguiram proteger sua riqueza. Uma quantidade quase incalculável de dinheiro foi emitida, mas quase todo mundo empobreceu. Muitos dos pianos provavelmente acabaram sendo usados como lenha.

OS ALQUIMISTAS DAS FINANÇAS

Por volta do fim do século passado, instaurou-se um novo tipo de economia política. No passado, o capitalismo reconhecia o perigo da dívida. Havia limites para a capacidade de empréstimo dos bancos, para que a economia não se baseasse excessivamente em empréstimos. No novo capitalismo, acreditava-se que a dívida podia gerar riqueza: emprestando-se bastante a muitos, logo todos seriam ricos.

A riqueza real é física e intrinsecamente finita — formada por coisas que se desgastam ou enferrujam, ela é devorada pelo tempo. A dívida é potencialmente ilimitada, alimentando-se de si mesma e aumentando até não poder mais ser paga. A riqueza imaterial criada pelo novo capitalismo também era potencialmente ilimitada. A prática da oferta de hipotecas de risco, empréstimos que jamais poderiam ser pagos com a renda dos tomadores, tem sido considerada um modo predatório de empréstimo. E, de certo ponto de vista, de fato o era. A menos que os preços das casas continuassem a subir, os tomadores estavam fadados à inadimplência. Os únicos evidentes beneficiários eram os empregados dos bancos, que recebiam comissões por venderem empréstimos que sabiam não poderiam ser honrados.

De outro ponto de vista, a prática era uma espécie de alquimia. Emprestar a quem não tinha condições de tomar emprestado era uma forma de criar riqueza do nada. Mesmo com a transferência das indústrias para outros países, a falta de capacitação dos trabalhadores e os picos de fornecimento de petróleo, a prosperidade continuaria aumentando. A riqueza não precisava mais ser arrancada da terra, como em épocas anteriores. Mediante um processo cujo funcionamento ninguém era capaz de descrever, a riqueza seria conjurada. Entre os alquimistas de épocas anteriores, a tentativa de transformar metal ordinário em ouro era tida como um tipo de magia — uma tentativa de contornar as leis naturais. Os praticantes no século XXI da suposta disciplina da economia careciam dessa visão. Com raras exceções, ficavam simplesmente boquiabertos quando a experiência alquímica terminava em farsa e ruína.

O hipercapitalismo baseado na dívida que surgiu nos Estados Unidos nas últimas décadas do século XX estava mesmo fadado à vida breve. Famílias de renda estática ou declinante não têm como saldar dívidas que crescem em espiral. Quando se manifestou a crise financeira em 2007, a renda da maior parte dos americanos estava estagnada havia mais de trinta anos. A maioria ficava mais pobre, o que era ocultado pelo boom do crédito. Surgiu uma nova economia política americana: nela, é maior que em qualquer outro país a proporção encarcerada da população, muitos estão permanentemente desempregados, boa parte da força de trabalho é informal e um grande número subsiste na economia clandestina do tráfico de drogas, da oferta de sexo e das vendas improvisadas... uma economia colonial pós-moderna em que a servidão se manifesta a cada esquina.

Segundo certos historiadores,[39] a desigualdade nos Estados Unidos no início do século XXI é maior que na economia escravocrata da Roma imperial no século II. Naturalmente, há diferenças. A América contemporânea

UM VELHO CAOS

pode ser menos estável que a Roma imperial. Parece difícil entender de que maneira a volátil riqueza de papel de uns poucos pode se sustentar com base na força de trabalho dizimada de uma economia oca. O problema insuperável do capitalismo americano pode ser, no fim das contas, o declínio dos lucros da escravidão da dívida.

Não é apenas a pobreza de massa que dificulta a vida no novo capitalismo. Mais que em qualquer outro lugar, é nos Estados Unidos que faz parte da psique a crença de que a vida de cada um pode ser uma história de constante progresso. Na nova economia, onde uma existência desarticulada é a situação comum, essa história não faz sentido. Quando o significado da vida é projetado no futuro, como é que se vai viver, se o futuro não pode mais ser imaginado? A ascensão do Tea Party parece indicar um recuo para uma espécie de psicose deliberada, prometendo os demagogos populistas uma volta a um passado mítico.

Algo não totalmente diferente ocorre na Europa. Enquanto as classes trabalhadoras ficam sem trabalho, as classes médias se transformam em um novo tipo de proletariado. O resultado do boom tem sido a erosão da poupança e a destruição das profissões. A austeridade tem resultado em uma fuga da cidade para o campo e na volta a uma economia de escambo — uma forma invertida de desenvolvimento econômico. Em uma ironia de certo modo previsível, a determinação de impor a modernização está forçando uma volta a formas mais primitivas de vida.

Com a continuidade do desabamento, a passividade que acompanhava suas primeiras etapas deu lugar à resistência. Também aqui, contudo, muitos sonham com a retomada do avanço que parecia irreversível alguns anos atrás. Os anos do boom foram marcados pela confiança em uma infinita expansão econômica, e agora que ele ficou para trás a exigência de uma volta ao crescimento é generalizada e insistente. O fato de a verdadeira riqueza ser finita não foi aceito. A hipótese mais provável deve ser o engendramento da retomada do crescimento, para afinal ser descarrilada em algum momento do futuro pela escassez de petróleo, água e outros recursos naturais.

O início do século XXI tem sido comparado à década de 1930, e de fato existem semelhanças. Em ambos os casos se constatam um deslocamento global e mudanças geopolíticas — nos anos do entreguerras, da Europa para os Estados Unidos, e hoje do Oriente para o Ocidente. Em ambos era possível saber por antecipação que a Europa mergulharia em conflitos fratricidas. Não existem hoje movimentos de massa — fascistas, nazistas ou comunistas — do tipo que devastou a Europa entre as duas grandes guerras. É improvável que a democracia venha a ser substituída em qualquer país europeu pelo tipo de ditadura que chegou ao poder praticamente em todo o continente na década de 1930. Mas as forças da xenofobia estão novamente em marcha. Exacerbado pela determinação das elites europeias em manter uma moeda única disfuncional, o deslocamento econômico está gerando no século XXI uma nova versão da política do período entreguerras. Como na década de 1930, também hoje as minorias — imigrantes, ciganos, gays, judeus — estão sendo transformadas em bodes expiatórios.

A crise de hoje também se assemelha à dos anos 1930 em um aspecto mais básico: ela não pode ser superada pela ação humana coletiva. Faz parte da fé no progresso a convicção de que nenhum problema humano é insolúvel a longo prazo. Marx afirmava em *Contribuição à crítica da economia política* (1859) que "a humanidade só abraça tarefas que seja capaz de resolver". Acertado na conclusão de que o capitalismo contém um potencial de autodestruição, Marx se equivocava na crença de que o capitalismo seria seguido por um modo de produção mais duradouro. É possível criar riqueza em muitos tipos de sistemas econômicos, mas nunca por muito tempo. O animal humano consome o que produziu, e vai em frente.

A ascensão e queda dos sistemas econômicos é o curso normal da história. Hoje, enquanto um tipo de capitalismo declina, outros — na China e na Índia, na Rússia, no Brasil e na África — avançam. O capitalismo não está acabando. Está mudando de formato, como já fez tantas vezes antes. Resta ver como os antigos e os novos capitalismos vão resolver suas pretensões conflitantes em relação aos recursos da Terra, em uma época de tão grande crescimento populacional.

Os problemas mais sérios não são resolvidos. Mais que qualquer outra medida tomada por Roosevelt, foi a mobilização em massa durante a Segunda Guerra Mundial que permitiu aos Estados Unidos, e afinal ao mundo inteiro, sair da Grande Depressão. Da mesma maneira, os problemas hoje enfrentados pelo mundo não serão superados por nenhum tipo de decisão. Em vez disso, haverá uma mudança de cena, uma alteração na paisagem global que ninguém é capaz de prever nem controlar, e em consequência serão deixadas para trás dificuldades atualmente insuperáveis.

HUMANISMO E DISCOS VOADORES

Se a crença na racionalidade humana fosse uma teoria científica, há muito teria sido abandonada. Uma flagrante deturpação pode ser encontrada em um clássico da psicologia social, *When Profecy Fails* [Quando a profecia fracassa] (1956), estudo sobre o culto dos objetos voadores não identificados no início da década de 1950. Escrito por uma equipe liderada por Leon Festinger, o psicólogo que desenvolveu a ideia da dissonância cognitiva, o livro expõe o caso de uma mulher do estado americano de Michigan que dizia ter recebido por escrita automática mensagens de inteligências alienígenas de outro planeta anunciando o fim do mundo, que seria inundado nas horas anteriores ao alvorecer do dia 21 de dezembro de 1954. A mulher e seus discípulos abandonaram suas casas, seus empregos e parceiros, abrindo mão de suas posses, para se prepararem para a chegada de um disco voador que viria resgatá-los do planeta condenado.

Para Festinger e seus colegas, foi uma oportunidade de testar a teoria da dissonância cognitiva. Segundo ela, os seres humanos não lidam com crenças e percepções conflitantes procurando testá-las em cotejo com os fatos. Eles reduzem o conflito reinterpretando os fatos que vão de encontro às crenças a que estão mais apegados. Como escreveu T.S. Eliot em *Burnt Norton*, a espécie humana não suporta muito a realidade.

Para testar a teoria, os psicólogos se infiltraram no grupo, observando as reações quando o apocalipse não ocorreu. Como previa a teoria, os membros da seita se recusaram a aceitar que seu sistema de crenças estava equivocado. Interpretaram o fracasso do juízo final como evidência de que, esperando e orando a noite inteira, tinham conseguido impedi-lo. A frustração de suas expectativas os levou apenas a se aferrar ainda mais a sua fé, e eles intensificaram mais ainda seu proselitismo.

Escreve Festinger, resumindo esse processo: "Suponhamos que um indivíduo acredite em algo de todo coração; suponhamos ainda que se tenha comprometido com essa crença, tendo por causa dela tomado iniciativas irrevogáveis; por fim, suponhamos que lhe sejam apresentadas provas inequívocas e inegáveis de que sua crença é equivocada; que acontecerá? Com frequência o indivíduo sairá da experiência não só inabalável, mas ainda mais convencido da verdade de suas crenças. Na realidade, pode até evidenciar renovado fervor no empenho de convencer e converter outros ao seu ponto de vista."

Negar a realidade para preservar uma visão de mundo não é uma prática limitada aos cultos. A dissonância cognitiva é a condição humana normal. Os movimentos messiânicos, cujos seguidores vivem na expectativa da chegada de um salvador, exemplificam essa dissonância de maneira pura. Escreve Festinger: "Já desde a crucificação de Jesus, muitos cristãos têm esperado a segunda vinda do Cristo, e não têm sido raros os movimentos que preveem datas específicas [...] [os crentes messiânicos] são seguidores convictos; comprometem-se desenraizando suas vidas [...] o Segundo Advento não ocorre. E observamos que, longe de fazer cessar o movimento, essa ausência de confirmação lhe confere nova vida."[40] Os movimentos apocalípticos nem sempre são abertamente religiosos. Citando o trabalho de Festinger, o crítico literário Frank Kermode observou: "embora para nós o Fim talvez tenha perdido sua ingênua iminência, sua sombra ainda se projeta nas crises de nossas ficções."[41]

A sombra do apocalipse se projeta em muitos movimentos radicais. Reproduzidos em forma secular, os mitos apocalípticos se apoderaram de revolucionários os mais diversos, dos jacobinos aos bolcheviques e além deles, inspirando movimentos aparentemente tão diferentes quanto o trotskismo e o conservadorismo americano do fim do século XX.[42] A humanidade proletária na Rússia soviética, o *Übermench* na Alemanha nazista, o produtor-consumidor global esperado pelas congregações de ricos nas reuniões do Fórum Econômico Mundial em Davos — qualquer dessas versões da humanidade teria assinalado algo novo na história. Felizmente, o fim dos tempos não chegou e nenhum dos fantasmas se materializou.

Se existe algo único no animal humano é sua capacidade de multiplicar conhecimento em velocidade crescente, ao mesmo tempo revelando-se cronicamente incapaz de aprender com a experiência. Na ciência e na tecnologia, o progresso é cumulativo, ao passo que na ética e na política, é cíclico. Como quer que sejam chamadas, a tortura e a escravidão são males universais; mas esses males não podem ser confinados no passado, como as teorias científicas redundantes. Eles voltam a se manifestar com nomes diferentes: a tortura, como técnicas intensificadas de interrogatório; a escravidão, como tráfico humano. Qualquer redução dos males universais é um avanço na civilização. Ao contrário do conhecimento científico, porém, as restrições da vida civilizada não podem ser arquivadas em um disco de computador. São hábitos de comportamento, difíceis de consertar uma vez rompidos. A civilização é natural para os seres humanos, mas também o é a barbárie.

A evidência científica e histórica é que os seres humanos só parcial e intermitentemente são racionais, mas para os humanistas modernos a solução é simples: os seres humanos precisam mostrar-se mais razoáveis no futuro. Esses entusiastas da razão não se deram conta de que a ideia de que os seres humanos poderão um dia ser mais racionais exige um salto de fé maior que qualquer um na religião. Como requer uma miraculosa ruptura da ordem das coisas, a ideia de que Jesus retornou do mundo dos mortos não é tão contrária à razão quanto a noção de que no futuro os seres humanos serão diferentes do que sempre foram.

Em termos mais genéricos, o humanismo é a ideia de que o animal humano representa um valor único no mundo. Os filósofos da Grécia antiga consideravam os seres humanos especiais pela capacidade de raciocinar que faltava aos outros animais, e alguns desses filósofos — especialmente Sócrates, pelo menos como apresentado por Platão — acreditavam que pelo uso da razão os seres humanos podiam ter acesso a um reino espiritual. Um aspecto correlato do humanismo é a ideia de que a mente humana reflete a ordem do cosmo. O reino espiritual em que Sócrates pode ter acreditado era constituído de formas atemporais — em outras palavras, projeções metafísicas de conceitos humanos. Um terceiro aspecto do humanismo é a ideia de que a história é uma história de progresso humano, com o aumento da racionalidade ao longo do tempo. Trata-se de uma visão tipicamente moderna, que não encontramos entre os pensadores mais sábios do mundo antigo.

Nem todo mundo que é apresentado como humanista aceita essas ideias. O ensaísta seiscentista Michel de Montaigne costuma ser considerado um humanista porque se voltou para os estudos clássicos e uma vida de auto-cultivo. Mas Montaigne zombava da crença de que os seres humanos são superiores aos outros animais, rejeitava a ideia de que a mente humana espelha o mundo e ridicularizava a noção de que é a razão que permite aos humanos viver bem. Não há nele qualquer traço da crença no progresso que viria, mais tarde, a moldar o moderno humanismo. Como um bom cético, Montaigne deixava aberta a janela para a fé. Mas em seus escritos não há nada das ideias místicas subjacentes às afirmações do caráter único do ser humano em Sócrates e Platão.

Os humanistas de hoje, que dizem adotar uma visão totalmente secular das coisas, escarnecem do misticismo e da religião. Mas o caráter único dos seres humanos é difícil de defender, e mesmo de entender, quando apartado de qualquer ideia de transcendência. Em uma visão estritamente naturalista — na qual o mundo seja tomado em seus próprios termos, sem referência a um criador ou qualquer reino espiritual —, não há hierarquia de valores com os seres humanos próximos do topo. Existem apenas muitas formas animais, cada uma com suas necessidades próprias. A singularidade huma-na é um mito herdado da religião e reciclado pelos humanistas na ciência.

A hostilidade dos humanistas em relação ao mito é eloquente, pois se existe algo peculiarmente humano é a criação de mitos. Toda cultura huma-na é vivificada pelo mito, em certo grau, e nenhum outro animal apresenta algo semelhante. Os humanistas também são possuídos por mitos, embora os seus nada tenham da beleza ou da sabedoria daqueles de que zombam. A ideia de que os seres humanos são capazes de usar a mente para se destacar do mundo natural, que em Sócrates e Platão fazia parte de uma filosofia mística, foi renovada em uma versão distorcida da linguagem da evolução.

Pouca coisa na atual moda das teorias evolucionistas da sociedade não será encontrada, às vezes expressa de maneira mais clara, nos escritos de Herbert Spencer, o profeta vitoriano daquilo que mais tarde viria a ser cha-mado de darwinismo social. Considerando a própria história humana como uma espécie de processo evolutivo, Spencer afirmava que o estágio final do processo era o capitalismo de *laisser-faire*. Seus discípulos Sydney e Beatrice

Webb, dentre os primeiros membros da Sociedade Fabiana e admiradores da União Soviética, consideravam que ele culminava no comunismo. Querendo mostrar-se mais sensata, uma posterior geração de teóricos designou o "capitalismo democrático" como ponto final. Como se poderia prever, nenhuma dessas consumações ocorreu efetivamente.

A característica mais importante da seleção natural é ser um processo de deriva. A evolução não tem um estágio final nem direção, de modo que se o desenvolvimento da sociedade é um processo evolutivo, trata-se de um processo que não vai dar em lugar nenhum. Os destinos atribuídos à evolução por sucessivas gerações de teóricos não têm base científica. Invariavelmente, são a ideia dominante de progresso reciclada em termos darwinianos.

Tal como refinada por posteriores cientistas, a teoria de Darwin postula a seleção natural de mutações genéticas aleatórias. Em contraste, ninguém até hoje apresentou uma unidade seletiva ou um mecanismo pelo qual a evolução opere na sociedade. Em uma visão evolucionista, a mente humana não tem nenhuma tendência intrínseca à verdade ou à racionalidade, e continuará a se desenvolver em função do imperativo de sobrevivência. As teorias da ampliação da racionalidade humana pela evolução social são tão carentes de fundamento hoje quanto na época em que Spencer as usou para promover o capitalismo de *laissez-faire*, e os Webb, para apoiar o comunismo. Revivendo essas ideias há muito detonadas, aqueles que no século XXI acreditam no progresso involuntariamente demonstram que, na ética e na política, o progresso é uma ilusão.

Para os humanistas, negar que a humanidade possa viver sem mitos só pode ser um modo de pessimismo. Eles dão como certo que, se os seres humanos viessem a se assemelhar mais às fábulas racionais que têm em mente, o resultado seria um aperfeiçoamento. Deixemos de lado o pressuposto — em si mesmo altamente questionável — de que uma vida racional só pode ser uma vida sem mitos. Racional ou não, a vida sem mitos é como a vida sem arte ou sexo — insípida e desumana. Com todos os seus horrores, a realidade é preferível. Felizmente, essa escolha não precisa ser feita, pois a vida racional antevista pelos humanistas não passa de uma fantasia.

Se existe alguma escolha, é entre mitos. Em comparação com o mito do Gênesis, o mito secular segundo o qual a humanidade marcha para a liberdade é mera superstição. Como ensina a história do Gênesis, o conhecimento não pode nos salvar de nós mesmos. Se sabemos mais que antes, significa apenas que dispomos de maior alcance para pôr em prática nossa loucura. Mas — como também ensina o mito do Gênesis —, não temos como nos livrar do que sabemos. Se tentarmos reaver um estado de inocência, o resultado só poderá ser uma loucura pior. A mensagem do Gênesis é que nas áreas mais vitais da vida humana não pode haver progresso, apenas uma eterna luta com nossa própria natureza.

Quando os humanistas contemporâneos invocam a ideia de progresso, estão misturando dois mitos diferentes: um mito socrático da razão e um mito cristão da salvação. Se as ideias daí resultantes são incoerentes, é exatamente este seu atrativo. Os humanistas acreditam que a humanidade se aperfeiçoa com a ampliação do conhecimento, mas a crença de que o aumento do conhecimento é acompanhado de um avanço na civilização é um ato de fé. Eles veem a realização do potencial humano como a meta da história, quando uma investigação racional mostra que a história não tem uma meta. Exaltam a natureza, ao mesmo tempo insistindo em que a humanidade — um acidente da natureza — é capaz de superar os limites naturais que determinam a vida de outros animais. Simplesmente absurdo, esse contrassenso confere significado à vida de pessoas que acreditam ter deixado para trás toda espécie de mito.

Não seria razoável esperar que os humanistas abrissem mão de seus mitos. Como a música vulgar, o mito do progresso anima o espírito ao embotar o cérebro. O fato de a humanidade racional dar sinais de nunca chegar serve apenas para fazer os humanistas se aferrarem ainda mais ardorosamente à convicção de que um dia a humanidade será redimida da irracionalidade. Como aqueles que acreditam em discos voadores, eles interpretam o não acontecimento como confirmação da sua fé.

A ciência e a ideia de progresso podem parecer unidas, mas o resultado final do progresso na ciência é mostrar a impossibilidade de progresso na civilização. A ciência é um solvente de ilusão, e entre as ilusões que dissolve estão as do humanismo. O conhecimento humano aumenta, enquanto a irracionalidade humana permanece a mesma. A investigação científica pode ser uma encarnação da razão, mas o que tal investigação demonstra é que os

UM VELHO CAOS

humanos não são animais racionais. O fato de os humanistas se recusarem a aceitar a demonstração apenas confirma sua verdade.

Pode parecer que a ciência e a ideia de progresso convergem, quando na verdade se opõem. Entre os ateus contemporâneos, não acreditar no progresso é como uma blasfêmia. Apontar as falhas do animal humano tornou-se um ato sacrílego. O declínio da religião serviu apenas para fortalecer a ascendência da fé sobre a mente. A descrença, hoje, não devia começar questionando a religião, mas a fé secular. Uma forma de ateísmo que se recusasse a reverenciar a humanidade seria um autêntico avanço. O pensamento de Freud exemplifica esse tipo de ateísmo; mas Freud tem sido rejeitado justamente porque se recusou a lisonjear o animal humano. Não surpreende que o ateísmo continue sendo um culto humanista. Supor que o mito do progresso possa ser descartado seria atribuir à humanidade moderna uma capacidade de aperfeiçoamento ainda maior que aquela que ela mesma se atribui.

Os mitos modernos são mitos religiosos expressos em outros termos. O que os dois tipos de mitos têm em comum é que atendem a uma necessidade de significado que não pode ser negada. Para sobreviver, os seres humanos inventaram a ciência. Empreendida com coerência, a investigação científica age no sentido de solapar o mito. Mas a vida sem mitos é impossível, e assim a ciência transformou-se em um canal para os mitos — destacando-se entre eles um mito da salvação pela ciência. Quando a verdade vai de encontro ao significado, é o significado que leva a melhor. Por que deveria ser assim é uma questão delicada. Por que o significado é tão importante? Por que os seres humanos precisam de uma razão para viver? Será porque não seriam capazes de suportar a vida se não acreditassem que contém um significado oculto? Ou será que a exigência de significado decorre da atribuição de excessivo sentido à linguagem — da ideia de que nossa vida é um livro que ainda não aprendemos a ler?

2. Além do último pensamento

O principal defeito do humanismo é dizer respeito aos seres humanos. Entre o humanismo e alguma outra coisa, talvez fosse possível criar uma ficção aceitável.

Wallace Stevens[1]

OS CHARUTOS DE FREUD, O LONGO CAMINHO ATÉ O NIRVANA

Ao inventar a psicanálise, Freud julgava estar fundando uma nova ciência, um ramo da neurologia. Na verdade, renovava uma imemorial investigação sobre a maneira como os seres humanos deveriam viver. Freud — paradoxalmente, um pensador profundamente moderno — plantou um ponto de interrogação nos ideais modernos. Sem abrir mão de seu resoluto ateísmo, ele reformulou uma das percepções centrais da religião: os seres humanos são vasos rachados. Os obstáculos para a realização humana não estão apenas no mundo ao nosso redor. Os seres humanos abrigam impulsos que sabotam a realização neles mesmos. *Eros* — o amor, ou a criatividade — é parte integrante do ser humano; mas também o é, pensava Freud, *tânatos*, o instinto de morte que se expressa no ódio e na destruição. O objetivo da terapia não era levar a paz a esses impulsos em guerra, nem assegurar a vitória de um sobre o outro, mas proceder na mente uma mudança pela qual ambos pudessem ser aceitos.

Na crença de que os seres humanos precisam de uma mudança interna, Freud dava continuidade a uma tradição que, de uma forma ou de outra, existia desde que os seres humanos existem. Ao longo de toda a história e da pré-história, tem-se aceito que existe algo errado com o animal humano. A saúde pode ser a condição natural das outras espécies, mas no caso dos homens o normal é a doença. Estar cronicamente doente é parte do que significa ser humano. Não é por acaso que toda cultura tem suas próprias versões da terapia. Os xamãs tribais e os psicoterapeutas modernos atendem às mesmas necessidades e exercem a mesma atividade.

Freud às vezes é acusado de criar uma cultura em que toda dificuldade humana é abordada como um problema de retificação psicológica. A acusação é reveladora, pois mostra que continua a haver resistência contra o propósito central do trabalho de Freud. O que diferencia a terapia de Freud das anteriores e das que vieram depois é que ele *não* se candidata a curar a alma. Ao longo do último século, em certa medida em consequência do trabalho de Freud, os conflitos normais da mente passaram a ser vistos como males que podem ser remediados. Para Freud, por outro lado, é a expectativa de uma vida sem conflito que nos faz mal. Em alinhamento com toda filosofia e toda religião séria, Freud aceitava que os seres humanos são animais doentios. Sua originalidade estava em também aceitar que a doença humana não tem cura.

Não seria errado considerar que Freud desenvolveu um novo tipo de ética estoica.[2] Uma marca da iconoclastia de Freud está em que ele considerava a resignação uma virtude. Querendo armar o indivíduo contra o mundo, ele sabia que no fim das contas o mundo venceria. Como os estoicos, Freud aceitava que os homens não podem ser senhores do próprio destino. Não é a escolha, mas o destino que decide quando e onde vamos nascer, quem são nossos pais, que circunstâncias moldam nossa vida e quanto sofremos. Mais ainda, existe a possibilidade de certa liberdade. O estoico romano Sêneca definiu liberdade em uma carta: "Eu coloquei a liberdade diante de meus olhos; e estou lutando por essa recompensa. E o que é a liberdade? — poderão perguntar. Ela significa não ser escravo de qualquer circunstância, de nenhuma limitação ou acaso; significa obrigar a Fortuna a entrar na arena em termos iguais."[3]

ALÉM DO ÚLTIMO PENSAMENTO

Os pensadores modernos tendem a acreditar que os seres humanos podem decidir seu destino, o que é praticamente o mesmo que acreditar que não existe isso de destino. Freud vai ao encontro dos antigos ao aceitar que nossa vida é moldada pelo destino, ao mesmo tempo afirmando que podemos mudar a atitude que adotamos em relação a ele. Mas é simplificador considerar Freud como um estoico fora de época.

Encarando seus deveres como um fardo, o imperador estoico Marco Aurélio (121-180 d.C.) consolava-se com a ideia de que cada um tem seu lugar no esquema geral das coisas. Como os cristãos que acreditavam que o universo era moldado por um *Logos* divino, Marco Aurélio encontrava a paz submetendo-se ao cosmo. Freud não estava interessado em se submeter a uma ordem extra-humana, natural ou divina. Recusava as consolações dos estoicos, assim como as oferecidas pelos cristãos e seus discípulos, os humanistas que acreditam no progresso. Freud aceitava o caos como algo final, e nesse sentido era moderno. Ao mesmo tempo, é evidente sua distância em relação aos ideais modernos. Considera-se em geral que a psicanálise promove a autonomia pessoal, quando o contrário está mais próximo da verdade. Fazendo eco à crença cristã no livre-arbítrio, os humanistas sustentam que os seres humanos são — ou podem vir a tornar-se um dia — livres para escolher sua vida. Esquecem que o eu que faz a escolha não foi ele próprio escolhido.

O ensinamento de Freud tem tanto a ver com o desamparo vivenciado pelos seres humanos na primeira infância quanto com a sexualidade reprimida. Ele nos diz que nossas primeiras experiências deixam marcas indeléveis. Pela prática da psicoterapia, essas marcas podem ser vistas com mais clareza, mas não serão apagadas. A evidente implicação do trabalho de Freud é que a autonomia pessoal é uma fantasia. O objetivo da psicanálise — um processo interminável, advertia Freud — é a aceitação do destino pessoal.

Fica parecendo uma filosofia estoica. Mas, se rejeitava a visão estoica do universo, Freud também rejeitava uma visão estoica da ética. Para estoicos como Marco Aurélio, a boa vida era uma vida de virtude. Transgredir a moral para viver uma vida melhor era inconcebível, pois as ordens e proibições da moral eram as leis do universo transformadas em princípios de conduta. Como não acreditava em um cosmo governado por leis, Freud tinha uma visão diferente. A moral não era parte integrante da natureza das coisas. Era um conjunto de convenções humanas, que podia ser desconsiderado ou alterado quando se interpusesse no caminho de uma vida mais satisfatória. Não era apenas o inconsciente que precisava ser dominado. O superego também, a parte da mente humana chamada de consciência, que gostaria de ser totalmente "boa". O superego — em alemão, *das Über-ich*, ou "super eu" — internaliza os limites impostos pela civilização. Mas, na visão de Freud, apenas ao alcançar certo distanciamento em relação à "moral" é que alguém pode considerar-se um indivíduo.

Como Nietzsche, porém mais moderadamente, Freud contemplava um tipo de vida "além do bem e do mal". Descrevendo as qualidades de um bom psicanalista em carta a um colega, ele afirma que o bom psicanalista não deve ser muito moral: "Sua análise sofre da fraqueza hereditária da virtude. É obra de um homem excessivamente decente [...]. Precisamos ser um mau sujeito, transcender as regras, nos sacrificar, trair, nos comportar como o artista que compra tintas com o dinheiro da esposa para a manutenção da casa, ou queima os móveis para aquecer o ambiente para seu modelo. Sem essa criminalidade, não há verdadeira realização."[4]

Um dos objetivos da psicanálise era a domesticação da moral. Não só os impulsos arcaicos, mas também o senso moral precisava se submeter à razão. Mas a ditadura da razão jamais poderia ser completa. Se nossos impulsos estão em guerra uns com os outros, também estão em guerra com as exigências da consciência, por sua vez muitas vezes conflitantes. A força do ego não é demonstrada na tentativa de harmonizar esses conflitos, mas no aprendizado de como conviver com eles. Faz parte da aceitação de um destino pessoal. Para Freud, contudo, o fatalismo nada tinha a ver com passividade.

Sob certos aspectos, a visão da vida humana em Freud se assemelha à de Arthur Schopenhauer, o filósofo alemão novecentista do pessimismo. Freud alegava ter lido Schopenhauer somente no fim da vida. Mas também reconhecia que Schopenhauer se antecipara à percepção fundamental da psicanálise, escrevendo: "Provavelmente muito poucas pessoas se terão dado conta da grande importância do reconhecimento dos processos mentais inconscientes para a vida e a ciência. Mas cabe desde logo acrescentar que não foi a psicanálise que deu o primeiro passo. Existem filósofos famosos que podem ser mencionados como precursores — acima de tudo, o grande pensador Schopenhauer, cuja 'vontade' inconsciente equivale aos instintos mentais da psicanálise."[5] Schopenhauer também identificava na sexualidade a força motora básica da vida humana: "O desejo sexual é a meta suprema de quase todo empenho humano", escreveu. "Ele sabe perfeitamente como introduzir seus bilhetinhos amorosos e seus anéis até mesmo nas pastas ministeriais e nos manuscritos filosóficos." Tais observações poderiam muito bem ter partido de Freud.

Ambos se apartavam da tradição ocidental dominante ao aceitar que não é a mente consciente que molda a vida humana. Por trás daquelas que supomos ser nossas escolhas autônomas, é a vontade inconsciente que nos governa. No fundo, o próprio mundo é vontade, um campo de energia que se expressa como desejo corporal. Tomando o termo de empréstimo a um ex-colega, o "psicanalista selvagem" George Groddeck, Freud dava a esse fluxo interno de energia o nome de id (em alemão, "ele" ou "isso"). Groddeck fora buscar a expressão em Nietzsche, que por sua vez encontrara a ideia em Schopenhauer. O id de Freud é a vontade de Schopenhauer, uma categoria metafísica transformada em teoria psicológica.

Tanto para Schopenhauer quanto para Freud, o mundo é uma arena de infindável luta. Mas o primeiro oferece a possibilidade de redenção, e é aqui que Freud se distancia dele. Embora acreditasse que a autonomia humana era uma ilusão, Schopenhauer ao mesmo tempo descortinava a perspectiva de libertação da ilusão. A salvação está em se desvencilhar do ego, possibilitando um modo de vida — prefigurado em momentos de beleza, quando as irritantes exigências da vontade são caladas — que se baseie em um "sentimento oceânico de unidade".

Freud não compartilhava desse sonho de salvação. A possibilidade de escapar à ilusão descrita por Schopenhauer era ela mesma uma ilusão. O sentimento oceânico era verdadeiro, mas não podia servir de base a um modo de vida. Por mais momentos de libertação que pudessem vivenciar, os seres humanos estavam fadados a uma vida de luta. "Onde houver id", escreveu Freud, "haverá ego".[6] O sentimento de unidade nada tinha de mágico para ele. A vida humana pode ser um sinuoso caminho para a morte. Mas até chegarmos a essa libertação, estamos em guerra.

Um modo de resignação estava no cerne da ética de Freud. Mas a resignação por ele recomendada era o oposto de submissão ao mundo. Ele jamais contemplou a fusão do eu em uma ordem cósmica. Resignação significava aceitar o caos fundamental como um fato. Como os estoicos, Freud sabia da necessidade de abrir mão de muita coisa para que a mente não estivesse sempre hesitando. Mas esse objetivo não era a tranquilidade destituída de paixão buscada — e nunca encontrada, suspeitamos — por Marco Aurélio. Em vez disso, Freud propunha um modo de vida baseado na aceitação da perpétua inquietação. Resignação não significava reduzir o eu de tal maneira que ele pudesse continuar vivendo sem ser cerceado pelo destino. Significava fortalecer o eu para que os seres humanos pudessem se impor ao destino.

Freud praticou esse fatalismo ativo em sua vida. Quando finalmente deixou seu país, depois de permanecer na Áustria ocupada pelos nazistas até ser quase tarde demais, foi forçado pela Gestapo a assinar um documento atestando que podia "viver e trabalhar em plena liberdade" e não tinha "o menor motivo de queixa". Ele assinou o documento, acrescentando um comentário irônico: "Posso recomendar enfaticamente a Gestapo a qualquer um."[7] Contando com a incapacidade da Gestapo de perceber que estava sendo alvo de zombaria, foi um temerário gesto de desafio.

O que também terá sido, de outra maneira, a recusa de Freud de largar os charutos. Em seus últimos anos em Viena, e depois em Londres, ele continuou fumando — "uma proteção e uma arma no combate da vida" —, apesar de usar, no tratamento do câncer, uma dolorosa prótese na mandíbula, que precisava levantar para introduzir seus charutos. Já pelo fim da doença, quando não podia mais fumar, Freud descrevia sua vida como "uma pequena ilha de dor flutuando em um oceano de indiferença". Quando o fiel discípulo Ernest Jones foi se despedir do mestre moribundo, Freud "abriu os olhos, me reconheceu e acenou com a mão, deixando-a cair num gesto altamente expressivo". O gesto, escreveu Jones, transmitia "muitos significados: saudação, despedida, resignação. Dizia com a possível clareza: 'O resto é silêncio.'" Dias depois, o médico de Freud, honrando uma promessa feita, administrou as doses de morfina que puseram fim ao seu sofrimento.

Freud não abstinha do prazer para evitar a dor. Melhor desfrutar dos prazeres até o fim, parecia pensar, que suportar uma vida de tranquilidade

ALÉM DO ÚLTIMO PENSAMENTO

indolor. Quando o câncer se tornou insuportável, ele optou pelo suicídio assistido. A vida de Freud foi um exemplo de vontade humana afirmada contra o destino. Mas ele nunca imaginou que o destino pudesse ser sobrepujado, motivo pelo qual esse indivíduo determinado entre os determinados recomendava a resignação.

Considera-se em geral que o fundador da psicanálise criou uma terapia para os males modernos, quando na verdade subverteu os mitos modernos de saúde. Mas Freud não estava sugerindo que a mente pudesse ser esvaziada dos mitos. A própria psicanálise era um tipo de mitologia — "nossa teoria mitológica dos instintos", como ele mesmo disse em uma correspondência que teve com Einstein sobre as causas da guerra. Freud escreve que o instinto de morte — que "age em toda criatura viva, lutando por arruiná-la e reduzir a vida a sua condição original de matéria inanimada" — pode ser um mito: "Pode lhe parecer que nossas teorias sejam uma espécie de mitologia", escreve ele a Einstein, "e, no presente caso, nem sequer uma mitologia agradável." Freud então pergunta a Einstein: "Mas no fim das contas toda ciência não vai dar numa mitologia como esta? O mesmo não poderia ser dito hoje de nossa própria física?"[8]

O reconhecimento por Freud de que a psicanálise era uma espécie de mito encontrou eco no filósofo hispano-americano George Santayana. Em um ensaio intitulado "Um longo caminho até o Nirvana" (1933), Santayana discutia a ideia de Freud de que a vida humana é governada pelos instintos opostos de *eros* e *tânatos*:

> [...] Esses novos mitos de Freud a respeito da vida, como seus velhos mitos sobre os sonhos, destinam-se a nos esclarecer e disciplinar enormemente quanto a nós mesmos. O espírito humano, ao despertar, vê-se em apuros; por razões que não atina, é atormentado por todo tipo de ansiedades em relação a comida, pressões, ruídos e dores. Ele nasceu, segundo outro mito, no pecado original [...]. A mesma percepção está contida em outro sábio mito que desde tempos imemoriais inspira a moral e a religião na Índia: refiro-me à doutrina do carma. Segundo ela, nascemos com uma herança, um caráter imposto e uma longa missão a cumprir, tudo em decorrência da ignorância que em nossas vidas passadas nos levou a toda sorte de compro-

metimento [...]. Alguns filósofos destituídos de autoconhecimento pensam que as variações e complicações que o futuro pode trazer são manifestações do espírito; mas, como indicou Freud, elas são impostas aos seres vivos por pressões externas, e tomam forma no reino da matéria [...]. A alma pode ser funda e escura quando vista de fora, o que é perfeitamente natural; e o mesmo entendimento capaz de revelar nossas jovens paixões reprimidas e dissipar nossos teimosos maus hábitos pode nos mostrar onde está nosso verdadeiro bem. A natureza indicou o caminho para nós antecipadamente; ele apresenta ciladas, mas também prímulas, e conduz à paz.[9]

Santayana cita então Freud em *Além do princípio do prazer* (1920), onde Freud interpreta o instinto de morte como uma tendência de toda matéria viva:

> Um instinto seria uma tendência da matéria orgânica viva impelindo-a à restauração de uma condição anterior [...]. Seria contrário à natureza conservadora do instinto se o objetivo da vida fosse um estado nunca alcançado antes. Ele deve ser, isto sim, um antigo ponto de partida que o ser vivo deixou há muito tempo, e para o qual se volta de novo por todos os tortuosos caminhos do desenvolvimento [...]. O objetivo da vida é a morte [...].

Citando esse trecho, Santayana reconhecia que Freud dava voz a um novo mito. A ideia de que os organismos vivem para morrer não pode ser provada ou refutada pela ciência. O método da ciência moderna consiste em entender o mundo natural sem invocar objetivos nem propósitos. Apesar disso, prossegue Santayana,

> [...] a sugestão feita nas especulações de Freud é verdadeira. Em que sentido podem os mitos ser verdadeiros ou falsos? No sentido de que, em termos decorrentes de aflições morais ou da psicologia literária, eles podem refletir o movimento geral e a questão pertinente dos fatos materiais, inspirando-nos em sua presença um sentimento de sabedoria. Nesse sentido, devo dizer que a mitologia grega era verdadeira e a teologia calvinista, falsa. Os principais termos empregados na psicanálise sempre foram metafóricos:

ALÉM DO ÚLTIMO PENSAMENTO

"desejos inconscientes", "princípio do prazer", "complexo de Édipo", "narcisismo", "censura"; todavia, panoramas interessantes e profundos podem se descortinar, procedendo-se a um novo começo com menos empecilhos e inibições mórbidas.[10]

Usando-se as distinções de Santayana, a mitologia freudiana do instinto de morte é verdadeira do mesmo modo que o mito grego é verdadeiro, ao passo que o mito moderno do progresso é falso da mesma maneira que a teologia calvinista é falsa. Parecendo tão arcaica quanto o mito grego — nos meios educados, ninguém hoje em dia ousa falar de instintos —, a mitologia freudiana captura características perenes e universais da experiência humana. Naturalmente, as ideias de Freud são um sistema de metáforas. E também o é todo discurso humano, ainda que as metáforas não sejam todas do mesmo tipo. A ciência não se distingue do mito por ser literalmente verdadeira, e o mito apenas um tipo de analogia poética. Embora os objetivos sejam diferentes, ambas se compõem de símbolos usados pelos seres humanos para lidar com um mundo escorregadio.

Ao fundar a psicanálise, Freud achava que o comportamento humano podia ser estudado como qualquer fenômeno natural. Mas o resultado de seu trabalho é que nos vemos obrigados a reconhecer que nosso conhecimento de nós mesmos só pode ser muito limitado. Determinada por uma luta animal pela vida, a visão humana das coisas é aleatória e enganosa. Até onde sabemos, a ciência poderia ser uma sucessão de erros bem-sucedidos. O autoconhecimento é ainda mais problemático. Quando descobrimos algo novo sobre uma estrela, a estrela não muda; mas quando descobrimos algo novo a nosso respeito, alteramos a pessoa que viemos a ser.

O que não precisa ser desanimador, sugere Freud. Se formos capazes de resgatar parte do que foi perdido, nos veremos sob outra luz. Com base nos fragmentos que emergem de um passado reprimido, é possível visualizar outras vidas que poderíamos ter vivido. Entre elas, haverá uma que acaso adotemos por certo período como nossa. Descobrindo como nos tornamos aquilo que temos sido, podemos alterar nossa conformação pelo caminho.

DAS ILUSÕES ÀS FICÇÕES

O fato de Freud ter reconhecido que a psicanálise era — pelo menos em parte — um exercício na esfera do mito evidencia sua distância da corrente central da filosofia ocidental, incluindo Schopenhauer. Embora negasse que a vida humana jamais pudesse ser pautada pela razão, Schopenhauer ainda assim era um metafísico na tradição clássica. Ainda que praticamente só se pudessem dizer coisas negativas, ele queria dizer algo sobre o mundo como é em si mesmo. Em contraste, Freud, cujo pensamento foi influenciado por uma filosofia pós-metafísica vienense do tipo cultivado pelo físico Ernest Mach (1838-1916), tentava evitar afirmações sobre as coisas em si mesmas. Freud era um materialista inflexível; mas matéria era apenas um termo para designar o que quer que fosse revelado pela observação científica.

Mach inspirou a filosofia que mais tarde ficaria conhecida como positivismo lógico, sustentando que a ciência é o modelo de todo tipo de conhecimento humano. Segundo Mach, a única coisa que os seres humanos podem conhecer são suas próprias sensações, e é a partir delas que se constrói o edifício da ciência. Freud compartilhava da visão de Mach e queria ser um cientista. Mas há no cerne dessa filosofia uma tensão, herdada por Freud e nunca totalmente resolvida por ele. Na visão de Mach, a ciência era um dispositivo para administrar o caos da experiência. Mas, no desempenho dessa função, a ciência não é radicalmente diferente de outros modos de pensamento. Nesse caso, ciência e mito, apesar de diferentes sob certos aspectos, não podem estar fundamentalmente em conflito.

Ao opor a ciência ao mito, Freud ignorava o fato que mais tarde viria a invocar em sua conversa com Einstein: ciência e mito são, ambos, modos de lidar com o caos. Ele continuava acreditando que apenas a ciência produzia algo que pudesse ser chamado de conhecimento. Tudo mais não passava de ilusão. Ao mesmo tempo, chegou à conclusão de que as ilusões não eram simplesmente erros. Atendendo à necessidade humana de significado, a ilusão tinha seu lugar na vida, assim como o mito. A própria ciência tinha alguns dos atributos da mitologia. Mas, se assim for, é impossível expurgar a mente do mito, o que por vezes Freud encarava como o objetivo da psicanálise. Uma vida sem mitos é, por sua vez, um mito.

ALÉM DO ÚLTIMO PENSAMENTO

Ao longo de boa parte da vida, Freud tentou ampliar o alcance da consciência. Para esse Freud, a religião era o principal exemplo da necessidade humana de ilusão. Como viria a se dar conta um Freud posterior, contudo, as ilusões da religião contêm verdades que não podem ser transmitidas de outras maneiras.

Em *O Futuro de uma ilusão* (1927), Freud escreveu:

> Uma ilusão não é o mesmo que um erro, nem é necessariamente um erro [...]. Em outras palavras, referimo-nos a uma crença como uma ilusão quando a satisfação dos desejos desempenha um papel proeminente em sua motivação, e nesse processo deixamos de levar em conta sua relação com a realidade, exatamente como a ilusão em si mesma prescinde de tais confirmações [...]. Se, munidos dessa informação, voltamos aos ensinamentos da religião, podemos dizer novamente: são todos ilusões, impossíveis de comprovar [...]. Alguns são improváveis, tão contrários a tudo que tão laboriosamente aprendemos a respeito do mundo que (com o devido reconhecimento das diferenças psicológicas) podem ser equiparados a delírios. O valor de realidade da maioria deles não pode ser estimado. Assim como não podem ser verificados, também são irrefutáveis. Muito pouco se sabe até agora para submetê-los a um foco crítico. Os enigmas do mundo só aos poucos se desvendam aos nossos pesquisadores; existem muitas questões às quais a ciência ainda não pode responder. Entretanto, tal como o encaramos, o trabalho científico é a única avenida capaz de levar ao conhecimento da realidade fora de nós mesmos.[11]

A essa altura do pensamento de Freud, ciência e religião só podiam ser rivais. Se a ciência atende às exigências do conhecimento, a religião atende à necessidade de significado. As ilusões podem ser úteis, e mesmo indispensáveis, do ponto de vista humano. O que, no entanto, não as torna verdadeiras, insistia Freud. Ele rejeitava a filosofia do "como se" exposta por seu contemporâneo Hans Vaihinger em seu livro *Die Philosophie des Als Ob* (*A Filosofia do "como se"*), pela qual todo pensamento humano consiste em ficções:

72 — O SILÊNCIO DOS ANIMAIS

> [...] existem em nossa atividade intelectual muitos pressupostos que concordamos perfeitamente serem destituídos de fundamento e até absurdos. São chamados de ficção, mas por uma série de motivos supostamente devemos agir "como se" acreditássemos nessas ficções. Isto (segundo nos dizem) se aplica aos ensinamentos da religião em virtude de sua incomparável importância na sustentação da sociedade humana. Essa linha de argumentação não está muito distante do *credo quia absurdum*. Na minha opinião, todavia, a exigência do "como se" só pode ser feita por um filósofo. Qualquer um cujo pensamento não seja influenciado pelas artes da filosofia jamais será capaz de aceitá-la; do seu ponto de vista, a admissão do absurdo, de ir contra a razão, encerra a questão.[12]

Afirmar que acreditamos em algo por ser absurdo — como o teólogo cristão Tertuliano, do século III, ao inventar o slogan *Credo quia absurdum* (acredito por ser absurdo), citado por Freud — é em si mesmo absurdo, um exercício de autoengano consciente fadado ao fracasso. Como poderíamos viver com base em ficções? Na visão de Freud, é humanamente impossível: "Não, nossa ciência não é uma ilusão. Seria uma ilusão pensar que pudéssemos obter em outra parte o que a ciência não pode nos dar."[13]

Na filosofia positivista aqui seguida por Freud, os mitos são teorias primitivas deturpadas pela ciência. Mas a diferença entre mitos, ilusões e ficções, por um lado, e, por outro, ciência, já é menos clara, mesmo no pensamento do próprio Freud, do que ele reconhecia.

Freud era categórico ao afirmar que ciência não é ficção, e é bem verdade que entre os métodos da ciência está a deturpação — a tentativa sistemática de demonstrar que uma teoria é um erro —, ao passo que ficções não podem ser verdadeiras ou falsas. Mas, se aprendemos algo com a história da ciência, é que mesmo as teorias mais rigorosamente testadas contêm erros. Não resta dúvida de que as teorias que usamos são as que consideramos mais próximas da verdade; mas não sabemos que partes suas são verdadeiras e quais não são. Ainda assim, continuamos a usá-las. Já se disse que os mitos são ficções de autoria humana não reconhecida.[14] As teorias científicas também podem tornar-se mitos quando sua natureza fictícia é esquecida. Na prática, embora todo mundo fale da ciência como a busca da verdade, os cientistas tratam suas teorias como ficções úteis.

ALÉM DO ÚLTIMO PENSAMENTO

Vaihinger, o primeiro a expor a ideia de que todo pensamento humano é composto de ficções, distinguia claramente entre as ficções da ciência e as da poesia e da religião:

> Precisamos indicar os limites que separam a ficção da ciência do que também é designado pela mesma expressão.
>
> *Fictio* significa, em primeiro lugar, uma atividade de *fingere*, vale dizer, de construir, formar, dar forma, elaborar, apresentar, moldar artisticamente; conceber, pensar, imaginar, supor, planejar, inventar, criar. Em segundo lugar, refere-se ao produto dessas atividades, a suposição fictícia, a fabricação, criada, o caso imaginado. Seu caráter mais evidente é o da expressão desembaraçada e livre.
>
> A mitologia, na medida em que pode ser considerada a mãe comum da religião, da poesia, da arte e da ciência, mostra-nos a primeira expressão em livre atividade construtiva da faculdade inventiva, da imaginação e da fantasia. É aqui que primeiro encontramos produtos da fantasia que não correspondem à realidade.[15]

A darmos crédito à visão de Vaihinger, ciência e mito não são a mesma coisa: seus métodos são diferentes, assim como as necessidades a que atendem. Mas ciência e mito são parecidos por serem expedientes usados pelos seres humanos para construir abrigos frente a um mundo que não podem conhecer. A firme e permanente distinção entre ciência e outros modos de pensamento que Freud pretendia sustentar revela-se indistinta e cambiante.

As distinções mutáveis entre ciência e religião estabelecidas por Freud evidenciam como podem se tornar instáveis as fronteiras entre elas. Ele nunca se sentiu tentado por nenhuma religião. Seu ateísmo, assim como sua desconfiança em relação aos ideais modernos, era firmemente arraigado. Mas ele chegou à conclusão de que a religião tinha um papel insubstituível no desenvolvimento humano — inclusive ao possibilitar a psicanálise. Em *Moisés e o monoteísmo* (1939), seu último livro, Freud sustentava que talvez devamos ao monoteísmo nosso conhecimento da mente inconsciente. Se a psicanálise é uma ciência, é uma ciência que deve sua existência à maior de todas as ilusões.

A visão da história da religião em Freud é revigorantemente heterodoxa. Ele dá a entender que o cristianismo, em geral considerado um grande avanço no pensamento humano, foi um passo atrás. Ao banir as imagens da deidade, o judaísmo deu origem à ideia de uma realidade invisível. Nesse momento, tornou-se possível um tipo de introspecção que até então não existia. Se Deus é invisível, o mundo interior pode nos ser desconhecido, exatamente como esse Deus que não é visto. Foi o cristianismo que introduziu o conceito de que Deus se assemelha aos seres humanos — chegando inclusive, no mito da encarnação, a se tornar um deles. Deus já não era uma presença invisível, mas um personagem divino, suscetível de ser conhecido com tanta certeza quanto nos conhecemos. Perdia-se a possibilidade de que boa parte de nosso mundo interior nos fosse oculta.

Outro obstáculo era a tradição socrática. O tipo de autoexame pregado por Sócrates é muito diferente do praticado na psicanálise. Tal como apresentado por Platão, Sócrates acreditava que a mente humana era como o cosmo, obedecendo a leis lógicas e éticas: quem conhecer a si mesmo conhecerá o bem. Freud não faz tal suposição. O secreto funcionamento da mente ignora a lógica — o id, afirma Freud, nada sabe da lei que proíbe a autocontradição — e é indiferente a certo e errado. Apresentando-se como a busca da verdade, o autoexame socrático era a criação de um mito.

O ataque de Freud à ilusão estava voltado contra a religião, mas seu ataque implícito à mitologia secular era mais mortal. O mito do progresso é o maior consolo da humanidade moderna. Mas Freud não queria fornecer outra versão de consolo. Se tinha algum objetivo, pode ter sido explorar o que significaria viver sem consolos. Freud é o pensador que faz a pergunta: como podem os seres humanos modernos viver sem mitos modernos?

A SUPREMA FICÇÃO

O fim do pensamento parece ser a eterna dúvida. Frente a essa situação, o poeta Wallace Stevens sugeriu que depositássemos nossa confiança nas ficções: "A crença final é acreditar em uma ficção, que sabemos ser uma ficção, nada mais havendo. A mais requintada verdade é saber que se trata de uma ficção e deliberadamente acreditar nela."[16]

Stevens dedicou um de seus maiores poemas à exploração do que isso poderia significar. *Notas para uma suprema ficção* não é uma cadeia argumentativa. O poeta não está interessado na persuasão. No poema, Stevens postula o que considerava a suprema questão do pensamento:

Deve
Ser possível [...]
Para encontrar o real,
Despir-se de toda ficção exceto uma,
A ficção de um absoluto [...].[17]

Despir-se de toda ficção exceto a ficção de um absoluto é encontrar a própria mente "em um ponto / além do qual o pensamento não poderia avançar como pensamento".[18] Nesse ponto, parece sugerir Stevens, devemos simplesmente escolher. Mas como é possível escolher entre ficções? Como pode alguém se comprometer com algo que sabe não ser verdadeiro? Como observou Freud, a escolha consciente de uma ficção é como o *Credo quia absurdum* de Tertuliano: acredito porque é absurdo. Freud considerava impossível uma escolha assim. Mas uma vida baseada em ficções não pode ser impossível, pois a vivemos diariamente. Talvez não escolhamos as ficções pelas quais vivemos, pelo menos não conscientemente. Ainda assim, nossa vida depende de ficções.

A confusão está na ideia de crença. Os filósofos nos acostumaram à noção de que nossa vida se baseia em crenças sobre nós mesmos e o mundo: a ciência é a busca das crenças verdadeiras, e a religião, a soma de nossas crenças sobre as coisas fundamentais. Nesse modo de pensar, relíquia da filosofia ocidental, a crença é algo da maior importância. Stevens resvala para essa antiga confusão ao falar de acreditar deliberadamente em uma ficção. Ele queria "aferrar-se ao melhor conhecimento da crença, o de que aquilo em que acredita não é verdadeiro".[19] Mas as ficções não são falsidades conscientes. Criações da imaginação, elas não são verdadeiras nem falsas. Não temos como abrir mão de uma ideia da verdade. As coisas seguem seu caminho, o que quer que pensemos delas. Podemos viver sem acreditar que nossas ficções são fatos. Não precisamos estar o tempo todo remendando nossa visão das coisas para tapar um mundo dissonante.

O apego ansioso à crença é a principal fraqueza da mente ocidental. Uma fixação de linhagem antiga, remontando a Sócrates, o fundador da filosofia — pelo menos como a entendemos (e a ele) hoje em dia. Mas, fora de certas correntes da religião ocidental e dos sucessores humanistas do monoteísmo, a crença não é a base da prática. As religiões geraram sistemas altamente refinados de ideias, como o vedanta, a dialética budista e a cabala, mas eles não são apologias da crença. Se têm alguma função prática, é apontar realidades que não podem ser capturadas em crenças. Nesse sentido, assemelham-se às ficções de Stevens.

Uma suprema ficção, diz-nos Stevens, deve ter certos atributos: deve ser abstrata; deve mudar; e deve dar prazer. São requisitos interessantes. Embora se desenvolvam ao longo do tempo, os mitos são considerados atemporais. Por que não reconhecer o óbvio, parece perguntar Stevens, e aceitar que as ficções que moldam nossa vida são tão inconstantes quanto nossa própria vida? Pode parecer estranho querer que uma ficção dê prazer. Mas por que outro motivo haveria alguém de torná-la parte de sua vida? Uma ficção não é algo que precisemos justificar. Quando nos chega, nós a aceitamos livremente. E os outros podem fazer como preferirem.

A suprema ficção não é nenhuma crença final, mas a atividade de gerar ficções, que Stevens chama de poesia. As ficções não podem ser criadas ao bel-prazer. Se pudessem ser criadas como bem quiséssemos, também poderiam ser descartadas sempre que desejássemos. Mas embora as ficções pelas quais vivemos sejam criações humanas, estão além do controle humano. Como o pássaro dourado que canta na palmeira no poema "Of Mere Being" [Do mero ser], de Stevens, elas chegam

> [...] no fim da mente
> Além do último pensamento [...]
> O pássaro canta. Suas penas brilham.[20]

O mero ser a que se refere Stevens é o puro vazio para o qual nossas ficções podem apontar às vezes. Surgindo de maneiras além da compreensão, nossas ficções mais importantes são uma espécie de destino; mas não um destino que seja o mesmo para todos. Nenhuma ficção poderia ser para sempre suprema para todo mundo, nem mesmo para uma só pessoa. A suprema ficção não é aquela única ideia que valha a pena ter, pois não pode haver uma ideia assim.

Admitir que nossa vida seja moldada por ficções pode dar uma espécie de liberdade — talvez o único tipo que esteja ao alcance dos seres humanos. Aceitando que o mundo não tem significado, nos libertamos do confinamento no significado que nós próprios geramos. Saber que nada existe de substancial em nosso mundo pode parecer que priva esse mundo de valor. Mas esse nada pode ser nosso bem mais valioso, pois nos descortina o mundo inexaurível que existe além de nós mesmos.

FELICIDADE, UMA FICÇÃO QUE DÁ PARA DISPENSAR

Freud escreveu a uma de suas pacientes: "Não duvido que seria mais fácil para o destino do que para mim livrá-la do seu sofrimento. Mas poderá ver por si mesma quanto terá sido ganho se conseguirmos transformar sua aflição histérica em infelicidade comum. Tendo restabelecido sua vida interior, será mais capaz de se armar contra essa infelicidade."[21] Para Freud, a busca da felicidade é uma distração do ato de viver. Seria melhor almejar algo diferente — um tipo de vida em que não fosse necessária uma fantasia de satisfação para considerar como uma experiência interessante e que valha a pena o fato de ser humano.

O credo contemporâneo é que cada um encontrará a realização sendo a pessoa que realmente quer ser. Em cada um de nós existem possibilidades únicas, à espera de serem desenvolvidas. Nosso infortúnio é que essas possibilidades são, em grande medida, frustradas. Por isso, gostamos de pensar nas vidas tristemente sufocadas que muitos levam; eles perderam a oportunidade de serem eles mesmos. Mas será que sabem quem gostariam de ser? Se eles se tornassem essa pessoa, acaso seriam "felizes"? Na prática, só alguém cronicamente infeliz basearia sua vida em uma especulação tão absurda. Na realidade, a maioria passa a vida em um estado de turbulência esperançosa. Encontram significado no sofrimento acarretado pela luta pela

78 O SILÊNCIO DOS ANIMAIS

felicidade. Na fuga do vazio, a humanidade moderna se apega praticamente a isso apenas, esse estado de feliz aflição.

O ideal da autorrealização deve muito ao movimento romântico. Para os românticos, a suprema realização era a originalidade. Ao criar novas formas, o artista era divino. Os poemas e as pinturas dos artistas românticos não eram variações sobre temas tradicionais. Deviam ser algo novo no mundo, e logo se passou a acreditar que toda vida humana podia ser original dessa maneira. Só encontrando seu verdadeiro eu e transformando-se nele é que alguém poderia ser feliz.

Para Freud, não havia nenhum verdadeiro eu a ser encontrado. A mente era um caos, e cabia à razão impor-lhe ordem. Escrevendo em 1932 a Einstein, que lhe perguntava se a guerra poderia ser abolida, Freud dizia: "A condição ideal, naturalmente, seria uma comunidade de homens que tivesse subordinado sua vida instintiva à ditadura da razão. Nada mais seria capaz de unir os homens tão completa e decididamente, ainda que não houvesse vínculos emocionais entre eles. Mas com toda probabilidade se trata de uma expectativa utópica."[22]

Para Freud, a vida humana era um processo de construção do ego, e não a busca de um eu interior fictício. A busca do verdadeiro eu gera infindável decepção. Se o indivíduo não tiver nenhum potencial especial, o custo da tentativa de realizar sua natureza íntima será uma existência dolorosamente desperdiçada. E, ainda que tenha um talento fora do comum, ele só trará realização se for valorizado pelos outros. Poucos seres humanos são tão infelizes quanto os dotados de um dom que ninguém quer. De qualquer maneira, quem quer passar a vida esperando ser reconhecido? Como escreveu John Ashbery,

> O talento para a autorrealização
> Poderá conduzi-lo apenas até o terreno baldio
> Ao lado do depósito de madeira, onde eles fazem a chamada.[23]

O ideal romântico diz que cada um deve buscar seu verdadeiro eu. Esse eu não existe, mas isso não quer dizer que possamos ser qualquer coisa que queiramos. O talento é um dom da sorte, e não algo que possa ser escolhido. Imaginar alguém com um talento que não tem vai transformá-lo em uma versão do compositor Salieri, que teve sua vida envenenada pelo surgimento de Mozart. Salieri tinha lá seu talento. Desfrutou de uma carreira bem-sucedida por boa parte da vida. Mas, se aceitarmos como ele tem sido retratado por Pushkin e outros, a vida de Salieri foi consumida pela suspeita de que ele próprio era uma fraude. Uma sociedade de pessoas ensinadas a ser elas mesmas só pode estar cheia de blefes.

A ideia da autorrealização é uma das mais destrutivas dentre as modernas ficções. Ela dá a entender que o indivíduo só pode florescer em um tipo de vida, ou em um pequeno número de vidas semelhantes, quando na verdade todo mundo pode prosperar de uma grande variedade de maneiras. Nossa ideia de uma vida feliz é uma vida que culmine em eventual realização. Desde Aristóteles, os filósofos nos têm estimulado a pensar olhando para trás. Mas isso significa pensar na própria vida como se ela já tivesse acabado, e nenhum de nós sabe como acabaremos. Passar os dias escrevendo o obituário de uma pessoa que você poderia ter sido parece um modo de vida bem estranho.

Os seres humanos têm maior probabilidade de encontrar maneiras de viver bem se não passarem a vida querendo ser felizes. Isso não quer dizer que devamos buscar a felicidade indiretamente — ideia igualmente herdada de Aristóteles. O melhor é que simplesmente não busquemos a felicidade. Buscar a felicidade é como ter vivido a vida antes que ela tenha acabado. Já se sabe tudo que é importante antecipadamente: o que se quer, quem se é... Por que se impor o fardo de ser personagem de uma história tão tediosa? Melhor construir a vida ao percorrer o caminho, sem se apegar muito às histórias contadas para si mesmo.

Aprender a se conhecer significa contar a história da própria vida de um modo mais imaginoso que antes. Ao passar a ver sua vida à luz dessa nova história, o próprio indivíduo haverá de mudar. Pode-se dizer que então sua vida será moldada por uma nova ficção. O enquadramento dessas ficções era o que Freud queria dizer quando falava do trabalho de construção do ego. O próprio ego é uma ficção, jamais fixa ou acabada. "No reino da ficção", escreveu Freud, "encontramos a pluralidade de vidas de que precisamos."[24]

O INCONSCIENTE ARIANO DE JUNG, OU O QUE OS MITOS NÃO SÃO

Freud evitou contemplar maneiras de eventual renovação do mito. Seu colega errante Carl Jung mostrara aonde isso conduzia. O pensamento de Jung não é interessante porque tenha valor em si mesmo, mas por mostrar de que maneira a psicologia pode se tornar veículo de uma nova religião — desdobramento a que Freud sempre resistiu. Com Jung, o terapeuta tornou-se uma espécie de xamã, um moderno guia de almas pelo submundo. Mas o submundo ao qual Jung queria conduzir a humanidade fora inventado por ele mesmo, e concebido em parte para encobrir seu comportamento nos anos em que o nazismo parecia a ponto de conquistar a Europa.

As ideias de Jung sobre o mito não se originaram nele nem em Freud. Antecedendo o encontro de Jung com a psicanálise, elas faziam parte da fermentação intelectual da Alemanha no fim do século XIX e no início do século XX. Na época, seitas ocultistas e teosóficas e movimentos tentando desenvolver uma religião evolucionista baseada na ciência representavam forças importantes. A principal figura desse projeto era Ernst Haeckel (1834-1919), professor de zoologia na Universidade de Jena, com grande número de seguidores no mundo de língua alemã. O projeto de Haeckel era a criação de uma nova religião assentada no materialismo científico e na teoria evolucionista, à qual dava o nome de monismo. Mais responsável do que qualquer outro pensador pela disseminação do darwinismo na Europa e inventor da ciência da ecologia, Haeckel também promovia a crença de que a espécie humana era formada por uma hierarquia de grupos raciais e eugênicos como uma ciência aplicada capaz de aprimorar a qualidade genética da população. Essas crenças formariam o credo unificador de uma igreja panteísta, destinada a suplantar o cristianismo.

Na virada do século, havia grupos monistas em toda a Europa central. Reunidos em 1906 em uma Liga Monista liderada por Haeckel, deles faziam parte o fundador do positivismo, Ernst Mach, numerosos cientistas darwinistas, um dos fundadores da moderna sociologia, Ferdinand Tonnies, e Rudolf Steiner, ocultista altamente influente. Eram membros também

ALÉM DO ÚLTIMO PENSAMENTO

algumas figuras que mais tarde viriam a se tornar personalidades de destaque no Partido Comunista Alemão, assim como alguns que se tornaram nazistas. Haeckel era membro da Sociedade Thule, organização secreta de nacionalistas radicais da qual também fazia parte Rudolf Hess, que mais tarde seria o vice de Hitler. Depois da Segunda Guerra Mundial, Haeckel seria festejado como herói intelectual na República Democrática Alemã comunista.

Para essas figuras, uma religião evolucionista era algo extremamente atraente. Tendo em comum uma virulenta hostilidade às tradições cristã e judaica (muitos, entre eles o próprio Haeckel, eram explicitamente antissemitas), eles queriam uma nova religião em que a ciência moderna se combinasse a antigos modos de pensamento. Haeckel acreditava que o pensamento consciente se assentava em processos mentais arcaicos. Outros pensadores ligados aos movimentos *volkisch*, que ansiavam por uma volta das culturas "orgânicas" que consideravam ter existido no passado, promoviam a ideia de que povos inteiros têm almas. *Volk* — palavra etimologicamente ligada ao inglês "*folk*", povo — significava uma comunidade ou modo de vida não perturbado pelo pensamento crítico. Reviver esse mundo popular imaginário significava expulsar ou de algum modo neutralizar minorias que pudessem perturbar a paz comum. Como todas as utopias, o sonho *volkisch* exigia a repressão dos elementos contestadores.

Foi nesse meio que Jung encontrou a ideia do inconsciente coletivo, um repositório de imagens arquetípicas que aparecem na mente como sonhos ou visões. Resgatar do inconsciente essas imagens e os mitos que elas expressam tornou-se um dos objetivos do tipo de psicoterapia promovido por Jung após o rompimento com Freud. Deixando de lado uma prática em que os indivíduos construíssem seus próprios mitos, o psicoterapeuta passaria a conectar o paciente com mitos arquetípicos. Manifestando-se em textos gnósticos e no simbolismo hermético da alquimia, essas realidades eternas podiam ser reintegradas à psique moderna. O resultado seria um estado de unidade mental no qual as forças em conflito seriam absorvidas em um todo harmonioso.

A exata natureza do inconsciente coletivo de Jung é até hoje objeto de debate. Em textos mais tardios, ele sustentava que ela era universalmente humana, mas em algumas de suas obras iniciais dava a entender que diferentes grupos humanos tinham tipos diferentes de mente inconsciente. "O inconsciente ariano" — afirmou ele em conferência no Instituto Psicanalítico de Berlim, depois que passara ao controle de Matthias Göring, primo de Hermann Göring, após a tomada do poder pelos nazistas — "tem um potencial maior que o judeu".[25]

Em 1936, Jung publicou um artigo intitulado "Wotan", interpretando a ascensão do nazismo como uma erupção do antigo deus da tempestade e do furor. No artigo, ele se eximia de apoiar a reviravolta que ocorria na Alemanha, dando a entender que podia ser altamente destrutiva. Em 1943, sua posição se inclinara na direção dos Aliados. Por interferência de uma paciente americana, Mary Bancroft, ex-debutante, *socialite* e amante de Allen Dulles — que representava na Suíça o Escritório de Serviços Estratégicos e viria mais tarde a ser o diretor da CIA —, Jung se tornou uma fonte para a inteligência americana. Nessa condição, fornecia perfis psicológicos de líderes nazistas, ao mesmo tempo atuando, segundo certos relatos, como canal para o estabelecimento de contatos com forças atuantes em conspirações contra Hitler. Muito provavelmente, a verdade completa nunca será conhecida, mas a suspeita só pode ser de que, durante boa parte do regime nazista, Jung tratava de se garantir para a eventualidade da derrota.[26]

A atitude de Jung em relação ao nazismo foi em parte determinada pela convicção de que uma nova religião era necessária para curar a alma moderna. Neste ponto, a divergência de Jung com Freud é total e irreconciliável. Em uma troca de cartas de 1910 na qual Jung dizia que a psicanálise deve "transformar Cristo novamente no deus vidente das videiras", Freud escreveu: "Mas você não deve me considerar fundador de uma religião. Minhas intenções não vão tão longe [...]. Não estou pensando em um substituto para a religião: essa necessidade precisa ser sublimada."[27]

Ao contrário de Jung, Freud nunca pretendeu curar a alma. A divisão interna era o preço de ser humano. A divisão interna da alma decorria em grande medida da repressão do desejo; mas Freud nunca supôs que a repressão pudesse ser evitada. Qualquer tipo de vida civilizada acarretava perda de satisfação dos instintos. Para Freud, contudo, a barbárie não era uma alternativa atraente.

ALÉM DO ÚLTIMO PENSAMENTO

Como Jung, Freud considerava que a Europa do entreguerras tinha mergulhado na psicose de massa. Ao contrário dele, Freud nunca saudou esse desdobramento. As forças liberadas naquele período não eram poderes espirituais surgindo de um repositório inconsciente de sabedoria mítica. Eram impulsos reprimidos liberados da contenção interior. Sem a ruína da vida burguesa causada pelo colapso econômico, o nazismo talvez nunca tivesse se tornado a força terrivelmente destrutiva que veio a ser. Para muitos na Europa do entreguerras, contudo, o nazismo tinha um atrativo positivo por oferecer resistência à promessa de barbárie. Freud entendeu esse atrativo, o que, no entanto, não significava que o sentisse. A civilização moderna podia ser doentia, mas também o era o animal humano. Abraçar a loucura não conferiria integridade à alma.

A diferença entre Jung e Freud não está no fato de aquele celebrar o mito, enquanto este desejaria livrar a mente dele, embora por vezes de fato quisesse. A diferença é que tinham entendimentos diferentes do mito. O impulso da geração de mitos, que para Jung ligava os seres humanos a um reino espiritual, era para Freud uma capacidade natural. Se a vida humana requer repressão, também precisa do mito. Repressão significa mais que inibir a expressão do desejo. Impotência infantil e a radical ruptura na psique que resulta do súbito desmoronamento da sociedade — essas são tramas que o animal humano absorve esquecendo. Mas esse tipo de esquecimento nunca é total ou final. As lembranças recalcadas voltam como sintomas de uma perturbação interior. E também voltam como mitos.

A necessidade do mito decorre da descrição de Freud sobre as divisões da mente humana. Os mitos não são arquétipos eternos arquivados em um depósito cósmico. Em nossa época, são fluidos, efêmeros e — apesar de instantaneamente transmissíveis a milhões de pessoas — altamente individuais.

MITOS DO FUTURO PRÓXIMO

"Contemplando da varanda do hotel pouco depois das 8 horas, Kerans viu o sol nascer por trás da densa floresta de gimnospermas nos telhados das lojas de departamentos abandonadas, uns quatrocentos metros a leste da

84 O SILÊNCIO DOS ANIMAIS

lagoa. Mesmo filtrada pelas maciças copas verde-oliva, a inexorável força do sol era perfeitamente tangível. Os raios refratados batiam no seu peito nu e nos ombros, fazendo-o começar a suar, e ele lançou mão de pesados óculos de sol para proteger os olhos. O disco solar já não era uma esfera bem definida, mas uma ampla elipse que se expandia no horizonte oriental como gigantesca bola de fogo, com seu reflexo transformando a imóvel e cinzenta superfície da lagoa em um brilhante escudo de cobre. Ao meio-dia, dali a menos de quatro horas, a água pareceria estar queimando."

Nessas linhas iniciais de *O mundo submerso* (1962), de J. G. Ballard, o Dr. Robert Kerans contempla de um andar alto do abandonado Hotel Ritz uma paisagem de Londres transformada pelas mudanças climáticas. "A maior parte da cidade havia muito desaparecera, e só os prédios de estrutura de aço das áreas comerciais e financeiras centrais tinham sobrevivido às enchentes. As casas de tijolo e as fábricas de um andar dos subúrbios tinham sido completamente varridas pelas correntes sucessivas da enxurrada. Ao aflorar destas, gigantescas florestas se elevaram na direção do céu verde, nublado e em chamas, encobrindo os campos de trigo do clima temperado da Europa e da América do Norte. Selvas impenetráveis às vezes com cem metros de altura, elas formavam um mundo de pesadelo cheio de formas orgânicas em competição e que rapidamente retomavam seu passado paleozoico, e as únicas vias de trânsito para as unidades militares das Nações Unidas passavam pelos sistemas lacustres que se haviam sobreposto às antigas cidades. Mesmo estas, contudo, eram agora obstruídas pelo aluvião, afinal submergindo." Retornando o planeta a um remoto passado geológico, Londres está submergindo. No mesmo processo, a história pessoal de Kerans vai desaparecendo, à medida que imagens pré-humanas suplantam as lembranças humanas.

A visão de Ballard não foi a primeira a descortinar uma Londres transformada em pântano. Em seu romance *After London: Wild England* [Depois de Londres: a Inglaterra selvagem] (1885), o naturalista Richard Jefferies contemplava um futuro imaginário no qual, depois de uma catástrofe, a cidade foi retomada pelos elementos: "Os homens mais velhos dizem que seus pais lhes contavam que, pouco depois de serem abandonados os campos, uma mudança começou a se tornar visível. Tudo ficou verde na primeira primavera, depois do fim de Londres, de modo que todo o país tinha o mesmo aspecto."[28] Londres é submersa por

ALÉM DO ÚLTIMO PENSAMENTO

um grande lago, seguindo-se um retorno à barbárie. Com o tempo, surge uma civilização neomedieval, mais duradoura e humana — Jefferies dá a entender — que a civilização desaparecida. A visão em Ballard de uma Londres posterior às abruptas mudanças climáticas é um mito mais verdadeiro. Não há qualquer sugestão de surgimento de uma civilização melhor, e se o protagonista viaja ao passado, não é para um sonho pré-moderno, mas para um mundo anterior à existência do animal humano.

Remetendo à experiência da infância de Ballard em Xangai — na época uma das cidades mais desenvolvidas do mundo —, o mundo submerso é inconfundivelmente moderno. As descrições de hotéis abandonados, prédios de escritórios vazios e piscinas secas são transmutações das experiências do escritor na Xangai ocupada por forças estrangeiras durante a invasão japonesa da China. Ballard costumava dizer que passou vinte anos esquecendo essas experiências e outros vinte tentando lembrar-se delas.

Para o protagonista de *O mundo submerso*, o retorno do planeta às condições inóspitas de uma era geológica anterior não é exatamente uma catástrofe. A extinção da memória pessoal acarretada pela mudança o libera de uma identidade que se tornou incômoda. Varrido o seu passado por uma paisagem que elimina lembranças, Kerans pode se reconectar com níveis pré-humanos de sua própria natureza. Não são os arquétipos eternos de Jung, mas traços de um passado planetário que foram codificados no seu sistema nervoso. Não importa se esses traços são estruturas físicas no sistema nervoso ou imagens geradas pelo inconsciente do protagonista: eles mostram o organismo humano livrando-se da personalidade, em uma reação criativa a um acontecimento transformador.

O livro termina com Kerans se encaminhando para a selva, deixando rabiscada em um muro a mensagem que sabe não será lida por ninguém:

> 27º dia. Descansei e estou rumando para o sul. Está tudo bem.
> Kerans.[29]

Ballard desenvolveu sua mitologia pessoal em reação a um trauma no qual descobriu que as características aparentemente mais duradouras da vida humana podem desaparecer de um momento para outro. Escrevendo em

86   O SILÊNCIO DOS ANIMAIS

suas memórias, *Miracles of Life* [Milagres da vida] (2008), sobre um passeio de bicicleta que fez com o pai durante a ocupação japonesa, Ballard lembrava-se de terem parado na boate Del Monte, onde havia "salas de jogo em silêncio, nas quais mesas com roletas estavam deitadas e o piso estava coberto de copos quebrados e fichas de jogo. Estátuas douradas escoravam a cobertura de barras que se alongavam por todo o cassino, e, no piso, candelabros ornamentados derrubados do teto se misturavam a restos de garrafas e jornais velhos. Dourados reluziam por toda parte à meia-luz, transformando o cassino abandonado em uma caverna mágica dos contos das *Mil e uma noites.*"

Essas imagens continham uma mensagem. O cassino abandonado "tinha um significado mais profundo para mim, a ideia de que a própria realidade era um palco que podia ser desmontado a qualquer momento, e que, por mais esplêndido que algo parecesse, podia ser varrido para os destroços do passado". O clube de jogo arruinado era um código do arremedo de sociedade. "Eu também sentia que o cassino, como a cidade e o mundo além dele, era mais real e mais significativo do que fora quando cheio de jogadores e dançarinas."[30] O colapso de Xangai mostrou a Ballard que tudo na vida humana é provisório e temporário. Mostrou também algo que é permanente: a paisagem desumana em que os seres humanos representam seu destino.

A força do mito está em extrair significado dos escombros do próprio significado. A mitologia de Ballard transformou os dejetos do trauma infantil em ouro; o que fora feio e sem sentido tornou-se algo adorável e capaz de afirmação da vida. Essa transformação não se deu em um processo hermético do tipo idealizado por Jung a partir de suas perambulações pela alquimia medieval, mas de uma maneira perfeitamente natural.

Com certeza, o processo não foi consciente. Os mitos não são inventados deliberadamente — ou então, quando o são, o resultado é algo parecido com a mitologia nietzschiana do super-homem, cujo poder decorre de fantasias infladas. O verdadeiro mito é uma correção da fantasia. Veja-se, por exemplo, a história de Ícaro, que tentou fugir da Terra voando em direção ao céu com asas de cera e se aproximou demais do Sol, que derreteu a cera, causando sua morte. Ou de Prometeu, o defensor da humanidade que roubou o fogo de Zeus e foi punido sendo amarrado a uma rocha para ter seu fígado devorado por uma águia. Não são histórias tranquilizadoras. A verdade que contêm tem a ver com orgulho e arrogância. Ícaro e Prometeu merecem ser punidos.

O mito grego contém verdades negadas pelos mitos modernos, mas nem todos os verdadeiros mitos são antigos. Hoje em dia, os mitos podem ser praticamente momentâneos: transmitidos por todo o mundo 24 horas por dia, pelo noticiário e pela internet, eles se disseminam como vírus, entrando nas mentes de dezenas e centenas de milhões de pessoas em questão de minutos ou horas. Seriam mitos verdadeiros ou fantasias de fabricação em massa? Por vezes podem ser ambas as coisas. Nos últimos anos, imagens de resistência à tirania têm sido disseminadas pelo mundo pelos meios de comunicação, muitas capturadas em telefones celulares pelos próprios resistentes. Os mitos da revolução que mobilizaram os resistentes foram reforçados, durante certo tempo, pelos meios de comunicação que fazem o noticiário. Mas os mitos só sobrevivem enquanto são representados pelos que os aceitam. À medida que as sublevações seguem sua habitual sequência de rebelião, anarquia e nova tirania, o mito da revolução se dissipa, e é substituído por novos mitos de conspiração e traição.

Os mitos não são arquétipos eternos congelados fora do tempo. Mais se assemelham a trechos musicais tocando na mente. Parecendo vir de lugar nenhum, ficam conosco por um tempo e depois se vão.

TLÓN E A HISTÓRIA SEM DUAS TARDES

"Devo a descoberta de Uqbar à conjunção de um espelho com uma enciclopédia." Nesta frase inicial do famoso conto "Tlón, Uqbar, Orbis Tertius", de Borges, publicado originalmente na Argentina em 1940, o narrador — uma versão fictícia de Borges — nos diz que a descoberta do mundo de Tlón se deu por acaso. Movido por seu interesse por uma obscura seita religiosa, o narrador consulta a *Enciclopédia anglo-americana*, "uma reprodução literal (mas também atrasada) da *Enciclopédia britânica* de 1902", para descobrir mais sobre a seita e a remota região de Uqbar, onde supostamente teria surgido. A enciclopédia não tem uma entrada sobre Uqbar, mas um amigo do narrador traz outro exemplar, também cópia da mesma décima edição da *Britânica*. A segunda *Enciclopédia* tinha mais quatro páginas, contendo uma entrada sobre Uqbar na qual se podia ler: "Para um daqueles gnósticos, o universo visível era uma ilusão, ou, mais precisamente, um sofisma. Os espelhos e a paternidade são odiosos porque o multiplicam e proclamam." Verificando outros exemplares, o narrador constata a ausência dessas páginas. Mais tarde, dias depois da morte de um amigo do pai, ele encontra outro volume, *Uma primeira enciclopédia de Tlón, Vol. XI, Hlaer a Langr,* que fora enviado ao amigo dias antes de sua morte. O livro, sem data nem lugar de publicação, provocou no narrador "uma leve e perplexa sensação de vertigem": "Eu tinha agora nas mãos um vasto e sistemático fragmento da história de um planeta desconhecido, com sua arquitetura e suas cartas de jogo, o horror de suas mitologias e os murmúrios de suas línguas, seus minerais e pássaros e peixes, sua álgebra e seu fogo, suas controvérsias teológicas e metafísicas — tudo isso junto, coerente, e sem qualquer propósito doutrinário visível nem a menor sugestão de paródia."

A descoberta leva a uma malsucedida busca de outros volumes, mas o narrador não tem dúvida de que eles existem. Descrito nos volumes que faltam, o "admirável mundo novo" de Tlón, supõe ele, é "obra de uma sociedade secreta de astrônomos, biólogos, engenheiros, metafísicos, poetas, químicos, algebristas, moralistas, pintores, geômetras [...] supervisionados e orientados por algum gênio tenebroso". "Inicialmente, achou-se que Tlón não passava de um caos", escreve o narrador, "de um ato irresponsável de licença da imaginação; hoje, sabemos que é o cosmo, e que as leis mais profundas que o governam foram formuladas, ainda que de maneira provisória."

Uma característica de Tlón é que seus habitantes são "congenitamente idealistas". Tudo em seu modo de pensar pressupõe idealismo — a filosofia segundo a qual o mundo não é constituído de objetos materiais, existindo independentemente da percepção que alguém tenha deles, mas de pensamentos. Tlón é o mundo tal como era imaginado pelo filósofo anglo-irlandês George Berkeley (1685-1753), no qual os objetos materiais que nos cercam existem apenas quando são percebidos por nós — mas sem a mente divina, que, segundo Berkeley, faz com que esses objetos continuem sendo mesmo quando não são percebidos por nenhum observador humano. Nas línguas de Tlón não existem nomes, já que não existem objetos que persis-

ALÉM DO ÚLTIMO PENSAMENTO

89

tam no tempo, apenas uma sucessão de atos ou acontecimentos que "torna a ciência nula" e a lógica, inútil.

Em um mundo dessa natureza, a filosofia é "um ramo da literatura de fantasia", pois "toda filosofia é por definição um jogo dialético, uma *Philosophie des Als Ob*". "Os metafísicos de Tlón não buscam nenhuma verdade, nem mesmo plausibilidade — buscam impressionar, espantar." Sistemas de pensamento proliferam, mas os filósofos de Tlón apreciam mais os que transmitem uma incongruente aparência de ordem.

A história conclui com um pós-escrito, supostamente de 1947, no qual se informa que "o mistério de Tlón foi plenamente elucidado". Uma carta encontrada em 1941 confirmou a hipótese de que o mundo de Tlón fora inventado em algum momento do início do século XVII por "uma sociedade secreta de caridade", da qual mais tarde viria a fazer parte George Berkeley, e, no início do século XIX, um livre-pensador americano recluso e defensor da escravidão, que foi o primeiro a sugerir uma enciclopédia abrangente do planeta imaginário, oferecendo-se para financiar o empreendimento, desde que "a obra não faça nenhum pacto com o impostor Jesus Cristo". O livre-pensador "não acreditava em Deus, mas queria provar a esse Deus inexistente que os mortais eram capazes de conceber e criar um mundo".

Em 1914, a obra estava concluída e os trezentos membros da sociedade secreta tinham recebido os últimos quarenta volumes. Outra obra foi planejada, ainda mais ambiciosa, um estudo do planeta escrito em uma de suas línguas, a ser intitulado *Orbis Tertius*. Em 1942, começaram a aparecer objetos de Tlón. Uma bússola foi encontrada com a agulha azul apontando para o norte, pertencendo as letras no mostrador a uma das línguas de Tlón. "Foi a primeira intrusão do mundo fantástico de Tlón no mundo real." Meses depois, "pequenos cones incrivelmente pesados (feitos de um metal que não é deste mundo)" foram encontrados, e eram, segundo o narrador, "uma imagem da deidade em certas regiões tlonianas". Outros objetos tlonianos ainda apareceriam, solapando o ordem do mundo humano.

"O contato com Tlón", conclui o narrador, "desintegrou este mundo." A humanidade fica feliz porque o controle do mundo foi assumido por Tlón. A intrusão de Tlón — "um labirinto forjado pelos homens, destinado a ser decifrado pelos homens" — parecia mostrar que a mente humana é capaz de

90 O SILÊNCIO DOS ANIMAIS

criar ordem. "Quase imediatamente, a realidade 'desmoronou' em mais de um ponto. A verdade é que ela queria desmoronar." "Dez anos atrás" — na década de 1930, pelo fim da qual Borges imaginou e escreveu o conto —, "qualquer simetria, qualquer sistema com alguma aparência de ordem — materialismo dialético, antissemitismo, nazismo — era capaz de encantar e hipnotizar a espécie humana. Como poderia o mundo deixar de cair no feitiço de Tlön, como poderia deixar de ceder à vasta e minuciosamente detalhada evidência de um planeta ordenado?"

Símbolo do sonho humano de ordem, Tlön inicialmente oferece uma possibilidade de fugir do caos, e então — como o cristianismo e seus sucessores humanistas — gera uma desordem ainda maior. Os crentes religiosos e seculares dizem que esse caos decorre do mau emprego de sua fé por parte de seres humanos pecaminosos e falíveis. Se a importação de Tlön não traz ordem à vida humana, é porque os seres humanos ainda não estão preparados para viver em Tlön. Mas Tlön só se mostra ordenado nas páginas da *Enciclopédia* — um artifício humano. Na realidade — a realidade fictícia de Tlön —, o mundo é caótico. É o que nos diz Borges, ao descrever um Tlön formado por uma série de acontecimentos distintos, irredutivelmente diferentes e desconectados uns dos outros, seja por causa e efeito ou por lógica. Tlön não consegue evitar a reprodução da fragilidade da razão. Não é só o funcionamento oculto da mente que ignora a lógica, como assinalou Freud. A própria lógica é uma construção fictícia: qualquer sistema de ideias que pretenda ser claro e coerente se fragmenta em ambiguidades e contradições. Tlön não é caótico por acaso. O caos de Tlön é na verdade o caos da mente humana.

Seria possível imaginar um mundo em que os seres humanos não fossem possuídos por uma ficção de ordem — um mundo que por este motivo pudesse ser menos caótico? Borges coloca a questão em um poema, "Coisas que poderiam ter sido":

> Penso em coisas que poderiam ter sido e nunca foram.
> O tratado sobre mitos saxônicos que Beda deixou de escrever.
> A obra inconcebível que Dante pode ter vislumbrado
> Assim que corrigiu o último verso da *Comédia*.
> A história sem duas tardes: a da cicuta e a da Cruz.[31]

ALÉM DO ÚLTIMO PENSAMENTO

Borges identifica duas ficções que moldaram a história no Ocidente: Jesus na cruz e Sócrates bebendo cicuta. Aparentemente contrastantes, essas duas mortes transmitem a mesma segurança. Jesus é uma encarnação de Deus, um Ser eterno, ao passo que Sócrates (tal como representado por Platão) tem acesso a um reino de formas eternas. Suas vidas são exemplos de *logos* — um princípio de ordem — em ação na história.

É verdade que, sem essas duas tardes, a história certamente teria sido diferente. Mas a vida continuaria governada por ficções. Vendo-se em um mundo que não entendem, os seres humanos sempre criarão mundos imaginários que, como Tlón, também serão ininteligíveis.

PALAVRAS E CINZAS

"Existe uma dificuldade de encontrar um esquema abrangente do cosmo, pois ele não existe. O cosmo só é *organizado* parcialmente; o resto são cinzas." O autor desta observação, o poeta T. E. Hulme, publicou apenas seis poemas. Na década anterior a sua morte nas trincheiras de Flandres, em 1917, ele produziu uma série de escritos polêmicos sobre filosofia e língua, defendendo uma versão radical do nominalismo — a filosofia segundo a qual existem apenas coisas individuais, reunidas pela língua com finalidades práticas — contra a filosofia rival do realismo, que sustenta que as ideias abstratas refletem coisas naturais.

A diferença entre nominalismo e realismo não é meramente uma rivalidade bolorenta entre filósofos. Ela expressa atitudes divergentes, encarando o mundo humano de modos muito diferentes. Muita gente pensa que o mundo é como um livro. As páginas podem estar rasgadas e a impressão, borrada; talvez faltem algumas páginas, ou talvez esqueçamos o livro em um táxi. Mas se pelo menos pudéssemos ler o texto completo, entenderíamos o mundo em que vivemos.

Hulme pensava de outra maneira. Em uma série de anotações iniciadas em 1906-7, às quais deu o título de "Cinzas", ele escreveu:

Nunca pense em um livro: aqui estão a Verdade e todas as outras maiúsculas; pense como em um teatro e observe o público. Aqui está a realidade, aqui estão os animais humanos. Ouça os mundos de heroísmo e olhe para os maridos comprimidos aplaudindo. Todas as filosofias se subordinam a isto. Não é uma questão da unidade do mundo e os homens posteriormente colocados nele, *mas* dos animais humanos, e das filosofias como uma elaboração de seus apetites.[32]

Os seres humanos são animais que se dotaram de símbolos. Ajudando a lidar com um mundo que eles não entendem, os símbolos são ferramentas úteis; mas os humanos têm essa inveterada tendência a pensar e agir como se o mundo que criaram com esses símbolos de fato existisse. Sua mente — conforme acreditam — é formada segundo o modelo do cosmo. Grande parte da filosofia e da religião não passa muito de uma racionalização desse conceito.

Hulme propunha outra visão:

A verdade é que não existem princípios supremos sobre os quais todo o conhecimento possa ser construído de uma vez por todas, como em uma rocha. Mas existe uma infinidade de análogos, que nos ajudam e nos dão a sensação de poder sobre o caos quando os percebemos. O campo é infinito, e aí é que se encontra a chance de originalidade. Aqui existem algumas coisas novas debaixo do sol.[33]

O animal humano não é uma encarnação imperfeita de alguma ordem superior de coisas, existindo à parte do mundo ou lentamente evoluindo nele. "O homem é o caos altamente organizado, mas suscetível de voltar ao caos a qualquer momento." O mundo não é uma harmonia que percebemos indistintamente. "Os olhos, a beleza do mundo foram organizados a partir das fezes. O homem retorna ao pó. E a face do mundo retorna às cinzas primordiais." Os moralistas e os lógicos nos dizem que suas leis não são apenas convenções humanas, mas descrevem algo independente dos seres humanos, algo mais absoluto. Para Hulme, contudo, "o *absoluto* não pode ser descrito como perfeito, mas, se existente como essencialmente imperfeito, caótico e semelhante às cinzas. (Nem mesmo essa visão é definitiva, mas apenas destinada a satisfazer a analogias e necessidades humanas temporárias.)" Fala-se da evolução dos seres humanos como se as visões do mundo adotadas pelos seres humanos e por eles deixadas para trás se desenvolvessem na direção de uma visão totalmente abrangente. Mas as visões de mundo são como os jardins, facilmente destruídos pelo mau tempo. "A unidade da Natureza é uma ponte extremamente artificial e frágil, uma rede de proteção para jardins." As ideias humanas são espaços temporários abertos em meio aos resíduos. "Certos grupos de ideias são como cabanas onde os homens podem viver." Quase sempre, a realidade das cinzas passa despercebida. Mas nunca desaparece. A civilização é construída sobre um monte de cinzas. "Em uma cidade organizada, não é fácil ver o elemento das cinzas na terra — tudo é ocultado. Mas é fácil vê-lo psicologicamente. O que os nominalistas consideram a areia que atrapalha o funcionamento da máquina, eu chamo de elemento fundamental da máquina."[34]

Hulme chama de clássica sua visão do animal humano, contrastando-a com outra a que chama de romântica. Na visão romântica, os seres humanos só acidentalmente são criaturas limitadas: suas possibilidades são infinitas. Em uma visão clássica, os seres humanos são essencialmente finitos; o potencial humano é predeterminado e limitado. "Resumindo, são estas as duas visões. Uma, de que o homem é intrinsecamente bom, corrompido pelas circunstâncias; e a outra, de que é intrinsecamente limitado, mas disciplinado pela ordem e pela tradição para se tornar algo razoavelmente decente. [...] A visão que encara o homem como um poço, um reservatório de possibilidades, eu chamo de romântica; a outra, que o considera uma criatura muito finita e predeterminada, eu chamo de clássica."[35]

Ambas as visões têm diferentes versões. A visão considerada clássica por Hulme poderia parecer oposta à religião, pelo menos na medida em que a religião envolve a ideia de que os seres humanos participam da divindade. Mas quando reconhece a imperfectibilidade humana — como na ideia cristã do pecado original —, a religião expressa a visão clássica. Hulme considera o romantismo um impulso religioso: "Na lógica perversa do Racionalismo, os instintos naturais são reprimidos [...]. Os instintos que encontram seu devido escoadouro na religião se expressam de alguma outra maneira. O indivíduo

94 O SILÊNCIO DOS ANIMAIS

não acredita em um Deus, e assim começa a acreditar que o homem é um deus. Não acredita no céu, e começa a acreditar em um céu na Terra. Em outras palavras, temos aí o romantismo [...]. O romantismo, portanto, e é esta a melhor definição que lhe posso dar, é religião derramada."

Mas a ideia de que as possibilidades humanas são ilimitadas também tem sido promovida pelos racionalistas, entre eles entusiastas da ciência que consideram que a ampliação do conhecimento permite ao animal humano superar os limites do mundo natural. De modo que não é apenas no romantismo que uma visão dos seres humanos como capazes de transcender sua natureza se derramou do cristianismo. Pela lógica da argumentação de Hulme — e isto está na verdade dos fatos —, o racionalismo também é religião derramada.

Hulme foi um dos fundadores da corrente imagista na poesia do início do século XX, abrangendo poetas como Ford Madox Ford, Ezra Pound, F. S. Flint e "H.D." (Hilda Doolittle) e tendo influenciado poetas mais tardios como D. H. Lawrence e William Carlos Williams. Os imagistas buscavam certo tipo de exatidão — não uma descrição factual precisa de um objeto, mas a transmissão exata de determinadas impressões. Em sua visão, a língua comum é uma sucessão de compromissos perpetuados pelo hábito. Escreve Hulme:

> A grande meta é a descrição exata, clara e precisa. A primeira coisa é reconhecer que isso é extraordinariamente difícil. Não é apenas uma questão de cuidado: é preciso usar a língua, e a língua é por sua própria natureza algo comum; vale dizer, nunca expressa a coisa exatamente, mas uma acomodação — algo que é comum a você, a mim e a todo mundo. Mas cada homem vê de maneira um pouco diferente, e para expressar com clareza e exatidão o que de fato vê, deve enfrentar uma terrível luta com a linguagem, sejam as palavras ou a técnica de outras artes. A língua tem sua própria natureza especial, suas convenções e ideias compartilhadas. Só mediante um esforço mental concentrado pode alguém submetê-la a seus propósitos.[36]

O resultado da luta com a língua seria um tipo de "verso duro, seco e clássico", transmitindo a sensação com frescor. O que ele tinha em mente pode ser ilustrado com seu poema "Outono":

ALÉM DO ÚLTIMO PENSAMENTO

A touch of cold in the Autumn night
I walked abroad,
And saw the ruddy moon lean over a hedge
Like a red-faced farmer.
I did not stop, but nodded;
And round about were the wistful stars
With white faces like town children.[37]

[Uma pitada de frio na noite de outono
Eu caminhava lá fora,
E vi a lua avermelhada debruçada numa sebe
Como rubicundo lavrador.
Não me detive, mas acenei com a cabeça;
E por todo lado havia estrelas melancólicas
De rosto pálido como crianças do interior.]

A abordagem imagista da língua levou a uma revolução na poesia. Mas ver as coisas como os imagistas era mais que uma mudança na técnica de versificação. Para Hulme, significava uma atitude em relação ao mundo, incluindo a disposição de arriscar a vida quando valores por ele considerados importantes estivessem em questão. Ao irromper a Primeira Guerra Mundial em agosto de 1914, ele entrou para o exército como soldado raso. Sua experiência nas trincheiras confirmou a visão de que o mundo é caótico:

> É curioso pensar no terreno entre as trincheiras, uma faixa de terra praticamente nunca vista por ninguém à luz do dia, como se só fosse seguro andar por ela no escuro. Está cheia de coisas mortas, animais mortos aqui e ali, animais mortos e não enterrados, esqueletos de cavalos atingidos por bombas. É curioso pensar nessa faixa posteriormente na guerra, quando voltar a ser vista à luz do dia.[38]

Hulme foi ferido, e durante a convalescença na Inglaterra publicou sob o pseudônimo "North Staffs" uma série de ensaios polêmicos de apoio à guerra. Seu principal alvo de ataque era Bertrand Russell, adversário de guerra que na época se posicionava próximo do pacifismo.

Os argumentos de Hulme invocavam a necessidade de valores que não fossem aqueles reconhecidos em uma ética racionalista e utilitária: embora não quisesse saber de nacionalismos exacerbados, ele insistia na necessidade de "um sistema mais heroico ou trágico de valores éticos" — valores "acima da vida". Coerente com sua filosofia antirracionalista, Hulme aceitava que esses argumentos não justificavam o conflito que então ocorria. "Tudo que invoco contra as premissas éticas do Sr. Russell pode ser perfeitamente verdadeiro, mas ao mesmo tempo esta guerra pode ser a mais colossal estupidez da história."[39]

Este último comentário era premonitório. Assumindo um posto na artilharia da Marinha Real em março de 1916, Hulme voltou às trincheiras, onde seria morto por uma bomba em setembro de 1917. Em consequência da guerra, a civilização na Europa — que de algum modo ele acreditava estar defendendo — degradou-se em uma espécie de barbárie que Hulme não poderia ter imaginado.[40]

MISTICISMO ATEU

"Tentarei de novo dizer o indizível, expressar com palavras pobres o que tenho de dar aos devotos infiéis do misticismo nominalista, do misticismo cético [...]. O mundo não existe duas vezes. Não existe um Deus separado do mundo, nem um mundo separado de Deus. Esta convicção tem sido chamada de panteísmo. [...] Por que não? São apenas palavras, afinal de contas. No mais alto êxtase místico, o Ego sente que se tornou Deus. Por que não? Acaso vou discutir por causa de palavras? Há uma década venho ensinando: o sentimento do Ego é uma ilusão. [...] Seriam apenas sequências de palavras filosóficas? Jogos de linguagem? Não. Aquilo que eu vivencio não é mais mera linguagem. E posso vivenciar, por breves horas, que nada mais sei do princípio de individuação, que deixa de haver uma diferença entre o mundo e eu mesmo."[41]

O autor desse trecho, o prolífico escritor e filósofo Fritz Mauthner (1849-1923), é lembrado hoje sobretudo por uma crítica a ele dirigida no *Tractatus-Philosophicus* de Wittgenstein: "Toda filosofia é uma 'crítica da

ALÉM DO ÚLTIMO PENSAMENTO

linguagem' (mas não no sentido adotado por Mauthner)."[42] Em certa medida em consequência desse comentário, Mauthner praticamente não teve influência na filosofia do século XX.

Como seu quase contemporâneo, Mauthner — nascido em uma cidadezinha da Boêmia e tendo crescido em Praga, falando tcheco, alemão e hebraico — era produto de uma sutil e brilhante cultura intelectual do fim do império Habsburgo, e boa parte da filosofia de Wittgenstein, com sua enorme influência, empregava ideias tomadas de empréstimo a ele. Ao comparar a crítica da linguagem a subir uma escada e depois jogá-la fora e escrever que a língua era como uma cidade antiga ou um jogo, Wittgenstein fazia eco a formulações que aparecem nas trinta primeiras páginas dos três volumes da *Contribuição à crítica da linguagem* (Stuttgart, 1901-3; segunda edição, 1923), de Mauthner.[43] Mas os escritos de Mauthner são revigorantemente diferentes do tipo de filosofia cultivado na obra de Wittgenstein. Sob muitos aspectos, Wittgenstein está no polo oposto ao antecessor esquecido de que tanto se valeu.

Negligenciadas pelos filósofos, as indagações de Mauthner no terreno da língua tiveram impacto mais frutífero na literatura. Samuel Beckett — o escritor que no século XX mais se dedicou a levar a língua a seus limites — leu a *Crítica* de Mauthner em algum momento do fim da década de 1930, fazendo copiosas anotações (algumas das quais leria para James Joyce) e ainda guardava os três volumes de Mauthner em sua estante, quarenta anos depois. Confirmando a influência da crítica de Mauthner em seus escritos, Beckett escrevia em uma carta em 1978: "Para mim, a coisa se resumia a:

> Palavras pensadas
> Palavras vazias
> Pensamento vazio
> Era esta minha leveza.[44]

Beckett desenvolveu essas ideias em uma entrada de um diário que manteve mais ou menos na época em que começou a ler Mauthner:

O SILÊNCIO DOS ANIMAIS

[...] sentimos com terrível resignação que a razão não é um dom super-humano concedido à humanidade, que não é uma deidade imutável e eterna, que a razão evoluiu na humanidade e evoluiu na direção do que é, mas também poderia ter evoluído de outra maneira [...] o que consideramos leis eternas e inalteravelmente fixas de nosso ser intelectual [são] apenas um jogo jogado pela coincidência que o mundo é; quando admitirmos que nossa razão (que, afinal de contas, é linguagem) só pode ser uma razão fortuita, vamos simplesmente sorrir ao contemplar a paixão argumentativa com que os antropólogos se têm detido em questões de costumes, crença e "fatos" psicológicos coletivos.[45]

O impacto da obra de Mauthner talvez seja mais evidente no romance *Watt*, escrito quando Beckett participava da Resistência francesa, fugindo da Gestapo, e publicado em 1953. Nele, as dificuldades de comunicação e a impossibilidade do conhecimento são temas centrais. Mas as dúvidas de Mauthner a respeito da linguagem podem ser ouvidas no trabalho de Beckett. A última frase do livro de Mauthner é a seguinte: "A crítica pura não passa de um riso articulado."[46] O combate de Beckett a vida inteira com a língua foi dar no riso — as caçoadas e risadas de seu drama e o humor lapidar de sua prosa tardia — e, no fim das contas, no "silêncio por trás de Tudo".[47]

Como os escritos de Mauthner, os de Beckett são tentativas de dizer o indizível. Escrevia ele em uma carta que faz eco a Mauthner: "No caminho para essa literatura da não palavra, tão desejável para mim, alguma forma de ironia nominalista pode ser uma etapa necessária."[48]

Calar-se significava aquietar o monólogo interno que é o dúbio privilégio da autoconsciência humana, tarefa que envolvia incontáveis experiências com a língua. Como os seres humanos não podem viver em silêncio, esse voluntário jogo de palavras é uma espécie de loucura, como reconhecia Beckett no último texto que escreveu, trabalho inacabado produzido meses antes de morrer em uma casa de repouso:

folly-
folly for to—
for two-
folly from this—
all this...
what is the word—
what is the word[49]

[loucura
loucura para
loucura para dois
loucura disto
tudo isto...
que é a palavra
que é a palavra]

Se a obra de Beckett almejava o silêncio, não era porque supusesse que o silêncio traria paz. Escreveu Mauthner:

> A necessidade de paz seduz a mente humana, mostrando-lhe a miragem de um lugar de repouso no deserto da sua luta pelo conhecimento; os eruditos acreditam em suas raízes linguísticas. Em todos os tempos e em qualquer lugar, a ciência de determinada época é a expressão do ansioso desejo de repouso do pobre espírito humano. Só a crítica — onde acaso ainda esteja viva, em cabeças ainda mais pobres — não tem descanso, pois não pode descansar. Ela deve despertar brutalmente a ciência, acabar com sua ilusão de um oásis e empurrá-la sempre mais à frente pelos caminhos quentes, mortais e possivelmente sem propósito do deserto.[50]

O objetivo de Wittgenstein era um lugar de repouso como o descrito por Mauthner. Mesmo no *Tractatus*, que viria a renegar, Wittgenstein parecia encarar a filosofia como uma terapia que o livrasse da dúvida. Em seus trabalhos posteriores, ele entrou em incessante campanha contra o ceticismo, não desenvolvendo uma posição filosófica alternativa — o Wittgenstein mais tardio alegava não ter posições dessa natureza —, mas afirmando que o questionamento cético resultava de maneiras equivocadas de pensar sobre as palavras. A língua comum era uma forma de vida que não precisava — nem permitia — de nada além dela própria. Os seres humanos eram figuras em um mundo que eles próprios haviam criado. A paz — a paz de que Wittgenstein viria a desfrutar, segundo fantasiava, quando pudesse abrir mão da filosofia — significava aceitar que este mundo humano é tudo que jamais poderá haver.

A obra de Mauthner também tinha uma finalidade terapêutica, mas não a de encontrar a paz aquietando a dúvida. Nominalista radical como Hulme e Beckett, Mauthner queria afrouxar a ascendência das palavras sobre a mente. Em vez de lutar por calar o impulso de ir além das palavras, ele queria seguir o impulso aonde quer que o levasse. Seus escritos sobre o misticismo mostram aonde isto o conduziu. Ateu intransigente e autor de uma história do pensamento ateísta em quatro volumes, Mauthner observava que o "ateísmo" — como "Deus" — é apenas uma palavra. Seu ateísmo nada tem em comum com a descrença evangélica de sua época ou da nossa. Em sua forma pura, o ateísmo nada tem a ver com a descrença, assim como a religião nada tem a ver com a crença. De um ponto de vista rigoroso, o ateísmo é uma posição inteiramente negativa. Não se é ateu negando o que os teístas sustentam. É ateu aquele que não se interessa pelos conceitos e doutrinas do teísmo.

Esse tipo de ateísmo rigoroso tem algo em comum com a teologia negativa, que nega que Deus possa ser apreendido em ideias ou crenças. Mauthner admirava Mestre Eckhart, místico cristão do século XIV que morreu em circunstâncias obscuras depois de julgado pela Inquisição como autêntico ateísta, pois insistia em que nada podia ser dito a respeito de Deus — nem mesmo que existia.

Os teólogos negativos usam a língua como Mauthner achava que ela deveria ser usada: a fim de apontar para algo (não alguma coisa em sentido habitual) que não pode ser expresso na língua. Se apenas o que é real pode ser apreendido na língua, Deus é irreal. Mas não é apenas "Deus" que é irreal nesse sentido. Também o são termos genéricos como "matéria" e "humanidade" — abstrações que têm aparecido nos catecismos da descren-

ALÉM DO ÚLTIMO PENSAMENTO

ça. Ateísmo não significa rejeitar "a crença em Deus". Significa abrir mão da crença na língua como algo que não seja mera conveniência prática. O mundo não é uma criação da linguagem, mas algo que — como o Deus dos teólogos negativos — escapa à linguagem. O ateísmo é apenas uma etapa no caminho para um ceticismo de maior alcance.

Mauthner chamava essa visão — "só para dispor de um símbolo vocabular" — de misticismo ateu.[51] O que ele tentava articular não podia ser expresso na língua. O que não significava que nada houvesse a expressar. No *Tractatus* (7.7), Wittgenstein fazia a famosa declaração: "Do que não se pode falar, isso se deve calar." Considerando-se a visão da língua posteriormente desenvolvida por ele, não havia para Wittgenstein nada que se devesse calar. Para Mauthner, por outro lado, o que não podia ser dito era mais importante que qualquer coisa que pudesse ser posta em palavras.

Os místicos ateus não querem fundir-se com algo maior por eles imaginado, mas apagar seu eu inexistente. Nas palavras de John Ashbery:

> A areia se agita
> Na ampulheta. Mas há tempo
> Para mudar, para destruir completamente
> A imagem tão conhecida
> Que espreita no vidro
> Toda manhã, na borda do espelho.[52]

3. Outra luz solar

A predominância daqueles flocos cinzentos em queda?
Eram partículas do sol. Você dormiu no sol
Maior que a esfinge, e nem por isso entendeu.

John Ashbery[1]

UM CALEIDOSCÓPIO TRÊMULO

"O ar está frio, paira um perfume de feno e flores. Melros e tordos cantam. A ógea voa célere em direção ao bosque distante, levando nas garras um andorinhão escuro e ferido. O lugar é diferente do que era duas horas atrás. Não existe nenhuma essência misteriosa que possamos chamar de 'lugar'. Lugar é mudança. Seu movimento é morto pela mente e preservado no âmbar da memória."[2] Esta ideia da natureza do lugar foi expressa por alguém que passou uma década observando pássaros em uma região de Essex. Em *The Peregrine* [O peregrino], J. A. Baker registrou sua busca do falcão-peregrino. "Durante dez anos eu segui o peregrino. Sentia-me possuído. Era um graal para mim." Baker não era um ornitófilo no sentido habitual, embora adquirisse grande conhecimento sobre a vida dos pássaros. Tampouco era um caçador, embora escrevesse sobre o acompanhamento do peregrino em suas caçadas. "Aonde quer que ele vá, neste inverno, vou segui-lo. Vou partilhar do medo e da exaltação e do tédio da vida de caçador. Vou segui-lo até que minha forma humana predatória não mais escureça aterrorizada o caleidoscópio trêmulo de cores que tinge a fóvea profunda de seus olhos brilhantes. Meu coração pagão vai afundar na terra hibernal e nela purificar-se."

O livro escrito por Baker — no qual condensou os dez anos em um único inverno — costuma ser considerado um exemplar de literatura da natureza. Mas é muito diferente da maioria dos livros do gênero, que procuram mostrar o que se pode ganhar com a observação do mundo natural. O objetivo de Baker era mais radical. *O Peregrino* é um tributo ao sentimento de liberdade evocado pelo pássaro quando Baker o observava em voo; mais que isso, contudo, é um registro do esforço do autor no sentido de enxergar a paisagem na qual perseguia o pássaro pelos olhos do próprio pássaro. Ele não seguia o peregrino para observá-lo, mas na tentativa de escapar ao ponto de vista de um observador humano.

Por vezes Baker tinha a sensação de ter abandonado sua identidade humana para se transformar no pássaro: "fechei os olhos e tentei cristalizar minha vontade no prisma banhado de luz da mente do falcão. Aquecido e solidamente plantado no profundo cheiro de relva do sol, mergulhei na pele e no sangue e nos ossos do falcão. O solo se transformou num galho dos meus pés, o sol nas minhas pálpebras era pesado e quente. Como o falcão, eu ouvia e detestava o som do homem [...]. Sentia a atração do norte, o mistério e o fascínio das gaivotas migrantes. O mesmo estranho anseio de me ir. Deitei-me e dormi o sono leve como pluma do falcão. E o acordei com o meu acordar."

Caçando o falcão, Baker perdeu-se de vista. "Meus olhos reviravam rápidos, alertas às cabeças caminhantes dos homens. Inconscientemente eu imitava os movimentos do falcão, como num ritual primitivo: o caçador se transformando naquilo que caça. Olhei atentamente para a mata. Num refúgio de sombra, o peregrino se encolhia, me observando, agarrado a um galho morto. Nesses dias ao ar livre, nós vivemos a mesma absorvente vida de medo. Evitamos os homens. Odiamos seus braços subitamente levantados, a insanidade de seus gestos descontrolados, seu modo de andar errático, a maneira como tropeçam sem rumo, a brancura tumular de seus rostos."

No único outro livro que escreveu, *The Hill of Summer* [A colina do verão], Baker relata uma troca semelhante de identidade com uma raposa: "Cheguei a uma clareira ensolarada na qual se projetavam longas sombras [...]. O matagal foi revolvido e se abriu, e de repente apareceu uma raposa no caminho estreito à minha frente. Meu cheiro devia ser muito mais forte que seu fedor glandular para mim, mas por um bom tempo ela nada fez. Movia-se muito lentamente, como se ponderasse, talvez ainda não plenamente acordada do sono diurno. Observando seu pálido rosto amarelo e branco, de coloração ligeiramente mais escura que o âmbar dos olhos brilhantes, eu parecia sentir a suave máscara da raposa passando por cima de mim. Sentia o hálito fétido, o focinho curioso que nunca dorme, o quente manto de sentidos tão afiados que parecem insuportáveis ao homem. Eu sufocava na máscara da raposa, como se fosse sua terra, seu refúgio. Até que esse estranho sentimento desapareceu; e lá estava de novo a raposa, à distância de um metro à minha frente. Sem qualquer indício de que me reconhecia como um inimigo, passou lentamente por mim e desapareceu no matagal."

À parte os lavradores e caçadores cujos sons ouve a distância, Baker é o único ser humano que aparece em seus dois livros, e aparece raramente. Pelo pouco que se sabe, sua vida parece ter sido destituída de lances especiais. Filho de um desenhista que trabalhava em uma empresa local de engenharia, ele levou a vida toda (1926-1987) em Chelmsford, tendo concluído os estudos no colégio aos 16 anos, sem nunca entrar para a universidade. Pelas cartas que escreveu a um amigo, sabe-se que teve muitos empregos, em sua maioria fortuitos, como no caso dos meses que passou empurrando carrinhos no Museu Britânico. Acabou assumindo o posto de gerente da associação automobilística local, e depois de gerente de um depósito da empresa de refrigerantes Britvic. Apesar do trabalho para a associação automobilística, nunca aprendeu a dirigir. A paixão pelos pássaros era praticada com uma bicicleta pelos campos nos arredores de Chelmsford. A busca do peregrino, que teve algumas partes descritas em diários publicados em suas *Obras completas*, estendeu-se de meados da década de 1950 até meados da década seguinte. Ao publicar *The Hill of Summer*, ele começava a ficar incapacitado por uma artrite reumatoide, mas continuou a cultivar a ornitofilia com ajuda da esposa, Doreen (com quem foi casado por 31 anos, a ela tendo dedicado *O Peregrino*), que o conduzia de carro até o campo, onde ele se sentava e caminhava, sendo levado de volta ao anoitecer. Morreu de câncer, efeito colateral do tratamento da artrite.

Quando Baker observava o peregrino, a paisagem ao redor de Chelmsford se revelava a uma outra luz. "Tentei dar ideia da beleza desse pássaro e da maravilha da terra onde vivia, uma terra tão generosa e gloriosa para mim quanto a África." Uma mudança de perspectiva revelava outro país. "Olhando para baixo, o falcão viu o jardim encolher em um traçado de linhas cheias de ramagens e faixas verdes; viu os bosques sombrios se aproximando e tentando se tocar nas colinas; viu os campos verdes e brancos ficando marrons; viu a linha prateada do riacho, e o rio serpenteante lentamente se esticando; viu todo o vale se aplanando e estendendo; viu o horizonte salpicado de aldeias distantes; viu o estuário abrindo a boca azul e prateada, com as línguas das ilhas verdes. E, mais além, além de tudo, viu a linha reta do mar flutuando como uma orla de mercúrio na superfície da terra marrom e branca. O mar, acalmando-se à medida que ele se elevava, projetava sua chamejante tempestade de luz, esbravejando liberdade para o falcão cercado de terra por todos os lados." O campo que Baker conhecia — "terras escuras, planas, desoladas, que cauterizam todo sofrimento" — tornou-se um novo país. "Como o marinheiro, o peregrino vive num mundo esvaziado e sem vínculos, um mundo de vigílias e ataques, de extensões de terra e água que afundam. Nós que estamos ancorados e presos à terra não temos como imaginar essa liberdade do olho."

"O mais difícil de tudo", escreveu Baker, "é ver o que realmente está lá." Os lugares vistos por ele se moviam e desapareciam com alterações da luz. "O espírito desse lugar é fugidio, escapa no ar circundante. Mas alguma coisa respira no limite da visão, como a chuva começando a cair. Toca levemente os sentidos e desaparece. À distância o bosque parece ter realidade, o autocontrole de uma só árvore. Basta entrar nele, no entanto, e imediatamente a totalidade se fragmenta em árvores mais que individuais." A luz não percorre lugares imutáveis. Percorrendo uma paisagem desconhecida, ela cria os lugares que o olho vê. "Um ar frio sobe do solo à medida que o sol se põe. A claridade enceguecedora da luz se intensifica. A orla meridional do céu resplandece num azul mais profundo, violeta pálido, púrpura, até se rarefazer num cinzento. Lentamente, o vento cai e o ar parado começa a gelar [...]. O lento e frio âmbar do arrebol projeta claras sombras lunares negras. Há um mistério animal na luz que se projeta nos campos como um músculo congelado, que se vai flexionar e despertar ao nascer do sol."

Baker não queria reproduzir o que via de maneira literal. "Cotswold é um lugar autossuficiente, retirado, distante. Tem sua própria luz, e seu frio, e seu céu, e sua monarquia de nuvens. Não pode ser capturado em palavras." A paisagem parecia vir de um passado primordial. "Era o dia mais claro e frio que eu jamais vi [...] uma garça tinha as patas profundamente enfiadas na neve. A ventania não a abalava; suas longas penas cinzentas não se mexiam. Magnífica, congelada, morta, ela enfrentava o vento em seu fino sarcófago de gelo. Já parecia a dinastias de distância de mim. Eu sobrevivi a ela, e o macaco tartamudeante sobreviveu ao dinossauro."

O falcão era o passaporte de Baker para longe do mundo humano. "Sempre desejei fazer parte da vida ao ar livre, estar lá fora no limiar das coisas, deixar que a mácula humana desapareça no vazio e no silêncio enquanto a raposa se livra de seu cheiro na fria simplicidade da água; voltar à cidade como um estranho." Voltando à cidade, ele se surpreendeu com a beleza. Vistas pelos olhos do falcão, as obras dos seres humanos tinham a aparência das coisas naturais. "Para os falcões, aqueles caminhos arenosos no interior deviam parecer praias de cascalho; as estradas lisinhas deviam reluzir como jazidas de granito numa extensão pantanosa. Para eles, todos os monstruosos artefatos do homem são coisas naturais e imaculadas."

Baker sabia que não havia como fugir ao mundo humano. Tornando-se por breve tempo um estranho para si mesmo, ele não deixou de ser humano. Podia visitar os novos lugares que a luz criava. Não tinha como deixar as ruínas humanas. "Muros de tijolo vermelho suavizados por líquen dourado cercam um jardim esquecido, o silêncio de uma casa vazia. As flores brancas de uma pereira se debruçam sobre o muro, branco ardente contra o azul do céu. Dom-fafes gorjeiam lá dentro suavemente, parecendo distantes e exóticos por causa do vermelho concentrado do muro. Posso imaginar o ninho do galo, vermelho-tijolo, limpo e macio. Parece o coração da floresta. A luz é mais profunda aqui, e há uma sensação de iminente revelação. Mas é ilusória."

Ele sabia que o mundo natural não era nenhum refúgio de paz. "Tentarei deixar clara a crueldade que é matar. Muitas vezes a coisa é difamada pelos que defendem os falcões. O homem comedor de carne de modo algum é superior. É tão fácil amar os mortos. A palavra 'predador' é muito mal empregada. Todos os pássaros comem carne viva em algum momento da vida. Veja-se por exemplo o impassível tordo, o flexível carnívoro dos campos, devorador de vermes, matador de lesmas. Não devemos sentimentalizar seu canto, esquecendo a matança que o sustenta." Ele sabia quanto sofrimento existe por trás da beleza. "Toda essa crueldade nos é misericordiosamente oculta pelas folhas protetoras. Raramente vemos os ossos de dor por trás de um verdejante dia de verão. Florestas e campos e jardins são lugares onde se apunhala, empala, esmaga e mutila sem descanso. Vemos apenas o que flutua na superfície: as cores, o canto, o ninho e a alimentação. Não creio que fôssemos capazes de suportar uma visão clara do mundo animal." Caminhando pela floresta e vendo um dom-fafe mordendo o botão de uma planta, ele não pode deixar de pensar na violência da vida dos pássaros: "puxando e torcendo com o bico para arrancar o botão, ele me lembrou um peregrino quebrando o pescoço da presa. O que quer que seja destruído, o ato de destruição não varia muito. A beleza é um vapor do fosso da morte."

A visão da terra pelo falcão foi obra da imaginação de Baker. O horror de que fugia era um mundo em que os seres humanos só encontravam versões de si mesmos. Embora não pudesse sair desse mundo, ele de fato se aproximou do limite da visão humana. Sem chegar a ver as coisas pelos olhos de um pássaro, livrou-se o suficiente de si mesmo para olhar por olhos que já não eram os que tivera antes. Passando tantos dias, ao longo de tantos anos, em uma nesga de terra, ele passou a encarar os lugares como acontecimentos momentâneos, e não coisas duradouras. "Caçar falcões aguça a visão. Derramando-se por trás do pássaro em voo, a terra escoa pelos olhos em deltas de cores penetrantes. O olhar atravessa os sedimentos na superfície enquanto o machado corta obliquamente o tronco da árvore. Uma vívida sensação do lugar cresce como mais um membro." Mas não era apenas o lugar que mudava. Para Baker — talvez consciente, nos últimos anos de busca do peregrino, de que sua doença fazia a areia fluir mais depressa na ampulheta —, o tempo passava de outra maneira. "O tempo é medido por um relógio de sangue [...] a lembrança de certa fulminação ou deterioração da luz que era típica daquele momento e daquele lugar naquele dia, uma lembrança tão vívida para o caçador quanto magnésio incandescente."[3]

"Outro pôr do sol", escreve Stevens, "poderia criar outro mundo."[4] Existem tantos mundos quantas são as oscilações da luz. Estamos por demais fechados em nós mesmos para notar esses lugares evanescentes. Monges e místicos tentam aquietar a mente para que possam apreender o que é eterno. Baker fazia o oposto, aguçando os sentidos para sintonizar com coisas que apareciam e desapareciam em um lampejo. "Eu cheguei tarde ao amor dos pássaros. Durante anos eu os via apenas como um tremor na borda da visão. Eles conhecem o sofrimento e a alegria em estados simples que não nos são possíveis. Sua vida se anima e aquece a uma pulsação que nosso coração jamais poderá alcançar. Eles correm para o esquecimento."

Aqueles que amam outras criaturas da natureza muitas vezes são acusados de antropomorfizá-las. Em vez de antropomorfizar outras espécies, Baker tentou se desantropomorfizar. Vendo o mundo como imaginava que podia ser visto pelos falcões, ele conseguia às vezes ser algo diferente do que fora. Também corria para o esquecimento, perdendo-se ao seguir o peregrino.

O SILÊNCIO DOS ANIMAIS

A busca do silêncio parece uma preocupação especificamente humana. Outros animais fogem do barulho, mas é um barulho feito por outros que eles tentam evitar. Só os seres humanos querem calar o clamor da própria mente. Cansados da tagarelice interna, eles se voltam para o silêncio a fim de calar o som de seus pensamentos. O que se está buscando ao querer o silêncio é um tipo diferente de barulho.

110   O SILÊNCIO DOS ANIMAIS

As instituições humanas criadas para cultivar o silêncio estão cheias desse barulho. Apenas quando vazias é que as igrejas são silenciosas — e, mesmo assim, nem sempre. O cantarolar monótono das orações deixa um perene zumbido, eco amortecido da anedota humana repetitivamente ensaiada. Esse clamor desaparece em igrejas abandonadas, especialmente quando estão vazias há muito tempo. Uma igreja degradada pelos elementos contém um silêncio que não se encontra em uma que ainda contenha fiéis.

Escrevendo na introdução de *A Time to Keep Silence* [Hora de guardar silêncio], um relato sobre os retiros que fez em mosteiros franceses na década de 1950, o escritor, soldado e viajante Patrick Leigh Fermour lamenta a degradação de muitas dessas instituições:

> Elas surgem nos campos como cumes de uma antiga Atlântida afundada há quatro séculos. Lá estão os claustros estripados, sem mais utilidade entre as fendas, e só as pilastras partidas assinalam a antiga simetria de naves e galerias. Cercadas de sabugueiros, com suas bases cobertas de mato e tímpanos partidos que sobem em elegantes trajetórias espiraladas por cima das copas das árvores, as pilastras agrupadas suspendem a grande circunferência vazia de uma rosácea contra o céu de gralhas. É como se um tremendo canto gregoriano tivesse sido interrompido há centenas de anos, ficando desde então petrificado ali em seu clímax.[5]

Leigh Fermour talvez não parecesse o tipo de sujeito que precisava de silêncio. Tendo dedicado boa parte da vida ao prazer e à aventura, conhecido como *bon-viveur* e excelente conversa, ele caminhou pela Europa em 1933, aos 18 anos de idade, experiência que, muito depois — pois também era um perfeccionista —, gerou dois livros de viagem de extraordinária vividez e estilo, *A Time of Gifts* [Tempo de dádivas] (1977) e *Between the Woods and the Water* [Entre os bosques e a água] (1986). Servindo na Executiva de Operações Especiais* durante a Segunda Guerra Mundial, ele viveu nas

---

* Braço da inteligência britânica criado em 1940 para propiciar ações de espionagem e sabotagem por trás das linhas inimigas. [*N. do T.*]

montanhas de Creta durante dois anos disfarçado de pastor, tendo chefiado a equipe que sequestrou o comandante alemão da ilha — episódio contado no filme *Perigo nas sombras* (1957). Em uma vida longa — ele morreu em 2011 aos 96 anos —, Leigh Fermour manteve-se ativo até o fim, nadando no mar Egeu aos oitenta e tantos anos e saboreando um belo jantar um dia antes de morrer.

A ideia de que um ser humano assim não anseie por silêncio não se justifica, sendo antes um preconceito. A ação pode ser incontornável, mas a urgência da vida não elimina a necessidade de contemplação. Diante de uma guerra mundial em que tudo que valorizava na civilização podia ser extinto, Leigh Fermour não tinha escolha senão lutar. Como Arthur Koestler, ele não tinha mais como se manter à parte do conflito. Mas a ação não é tudo na vida, ou nem sempre sua parte mais importante, e muitas vezes são os indivíduos mais ativos que mais precisam da libertação da contemplação. Só mesmo o excesso de autoestima leva o homem moderno a supor que os seres humanos mais arrojados se satisfazem com a companhia humana.

Embora pudesse concordar que os escombros abandonados de antigos mosteiros têm um silêncio que não se encontra nas casas ainda em funcionamento do espírito, Leigh Fermour lastimava o declínio da vida monástica. E estava certo. As igrejas e os mosteiros mostram que o silêncio não é a condição humana normal. Silenciar a si mesmos — e, mais ainda, aos outros — é algo natural nos seres humanos, mas não manter-se em silêncio. Por isso os humanos são compelidos a buscar o silêncio. As abadias e os conventos que se espalharam pela Europa na época pré-moderna, assim como as enormes colônias de monges e freiras que existiam no Tibete até serem destruídas no fim do século XX, não eram meros resquícios do feudalismo. Davam testemunho de uma necessidade humana por excelência, reprimida nas sociedades modernas, mas que continua exigindo satisfação.

Se o silêncio não é mais cultivado, é porque admitir sua necessidade significa aceitar uma inquietação interna — condição em outras épocas reconhecida como de sofrimento, mas hoje valorizada como virtude. "Com frequência tenho dito", escreve Pascal, "que a única causa da infelicidade do homem é que não sabe ficar em silêncio em seu quarto."[6] Quem reconhece a própria necessidade de silêncio admite que boa parte

O SILÊNCIO DOS ANIMAIS

da vida tem sido um exercício de dispersão. "Os homens naturalmente conscientes do que são evitam sobretudo o repouso; fariam qualquer coisa para ser perturbados."[7]

Aquele que pensa na vida como um estado de constante inquietação quer ser perturbado o tempo todo. O trabalho afasta o fardo mais pesado da ociosidade, e até o ir e vir nos transportes públicos ajuda a abafar o murmúrio interno. Há muito se sabe que o fato de estar constantemente ocupado é um modo de dispersão. Mas só ultimamente a busca da dispersão passou a ser considerada o significado da vida.

Ir em busca do silêncio significa aceitar que a vida de ação não basta, o que poucos hoje admitem. Os praticantes religiosos antiquados, que aceitam não ser possível encontrar a realização no mundo, são mais realistas. Mas os religiosos têm suas próprias formas de dispersão, entre elas a ideia de que a necessidade de silêncio é uma marca de superioridade dos seres humanos sobre outros animais. Em *O mundo do silêncio*, o teólogo católico suíço Max Picard escreve:

> O silêncio dos animais é diferente do silêncio dos homens. O silêncio dos homens é transparente e brilhante porque enfrenta o mundo, liberando a palavra a cada momento e de novo a recebendo de volta em si mesma [...]. Os animais têm um silêncio pesado. Como um bloco de pedra. Os animais caminham sobre os blocos de silêncio, tentando apartar-se, mas sempre acorrentados a eles.
>
> Nos animais, o silêncio é isolado; logo, eles são solitários.
>
> É como se, nos animais, o silêncio fosse materialmente tangível. Ele passa pelo exterior do animal, e os animais são irremíveis não só por carecerem de fala, mas porque o próprio silêncio é irremível: é um silêncio duro, coagulado.[8]

Embora de fato a qualidade do silêncio seja diferente em outros animais, a diferença não está no que afirma Picard. Enquanto para outros animais o silêncio é um estado natural de repouso, para os seres humanos é uma fuga da comoção interna. Por natureza volátil e contraditório, o animal humano busca no silêncio alívio do fato de ser ele próprio, ao passo que outras criaturas desfrutam do silêncio como um direito de nascença. Os seres humanos buscam o silêncio porque querem redenção; os outros animais vivem em silêncio porque não precisam de redenção.

A inversão das qualidades do silêncio animal e humano proposta por Picard coloca os seres humanos em um pedestal, exatamente como a alegação de Martin Heidegger de que os outros animais são "pobres de mundo". Na visão neocristã de Heidegger, ratos e tigres, gorilas e hienas simplesmente existem, reagindo passivamente ao mundo que os cerca. Destituídos de qualquer percepção do misterioso "Ser" do qual provêm, os outros animais não passam de objetos. Os seres humanos, por outro lado, não são objetos, pois moldam o mundo em que vivem.

Mais vale esquecer essa velha e tediosa história. Toda criatura sensível participa do fazer do mundo. O mundo flutuante do falcão é tanto uma criação sua quanto nosso mundo cercado de terra é criação dos seres humanos. Em certo sentido, outros animais podem ser pobres, mas sua pobreza é um ideal que os seres humanos jamais alcançarão. Quando os cristãos e seus seguidores humanistas menosprezam o silêncio dos animais, podem estar sendo movidos pela inveja.

A distância entre o silêncio humano e animal é consequência do uso da linguagem. Não que as outras criaturas careçam de linguagem. O discurso dos pássaros é mais que uma metáfora humana. Cães e gatos se agitam durante o sono e falam consigo mesmos ao longo do dia. Só os seres humanos usam palavras para construir uma autoimagem e uma história da própria vida. Mas se os outros animais carecem desse monólogo interior, não parece claro por que os humanos deveriam por isso se considerar em um nível mais elevado. Por que o rompimento do silêncio seguido de uma ruidosa luta para restabelecê-lo deveria ser considerado um feito tão importante assim?

Muitos acreditam que os seres humanos são os únicos detentores de algo chamado consciência. Em suas manifestações mais requintadas, esse tipo de pensamento é como pensar que o universo inventou os seres humanos para poder contemplar a si mesmo:

Viemos do nada e a ele voltamos.
Ele nos empresta ao tempo, e quando nos vemos
Em silenciosa contemplação do vazio
Dizem que o sentimos a nos contemplar.
É um equívoco, mas quem suportaria a verdade?
Nós próprios somos o vazio em contemplação.
Somos seu único nervo e mão e olho.[9]

Os seres humanos são o vazio olhando para si mesmo. Linda imagem poética. Mas por que privilegiar os humanos assim? Os olhos das outras criaturas podem ser mais luminosos. Os seres humanos não podem se eximir de ver o mundo através do véu da linguagem. Quando correm atrás do silêncio, estão tentando deixar para trás os sinais que fazem seu mundo. Essa luta é tão universalmente humana quanto a própria língua. Por meio da poesia, da religião e da imersão no mundo natural, os seres humanos tentam livrar-se das palavras que encobrem sua vida. No fundo, é o que estão tentando fazer quando lutam para se calar. A luta nunca terá êxito, o que, no entanto, não a torna inútil.

Os filósofos dirão que os seres humanos jamais poderão calar-se, pois a mente é feita de palavras. Para esses lógicos pouco inteligentes, o silêncio não passa de uma palavra. Superar a linguagem recorrendo à linguagem, naturalmente, é impossível. Voltando-se para dentro, o indivíduo encontra apenas palavras e imagens que são partes dele mesmo. Mas, se ele se voltar para fora — para os pássaros, os animais e os lugares sempre mudando rapidamente nos quais vivem —, talvez ouça algo além das palavras. Até os seres humanos são capazes de encontrar o silêncio, se conseguirem esquecer o silêncio que buscam.

UMA VISITA AO MUSEU BRITÂNICO

Para o visitante humano, o Museu Britânico pode parecer um depósito de deuses obsoletos. Entre os variados artefatos nele reunidos, nenhum provoca impressão mais forte de impermanência que as imagens de culto.

OUTRA LUZ SOLAR 115

O prédio abriga sob sua cúpula muitos objetos usados em modos de vida que há muito deixaram de existir, mas as imagens de deuses apresentam a pungência adicional de terem sido feitas em veneração a deidades que eram consideradas eternas. Entre os que produziram essas imagens, poucos se terão dado conta de que os próprios deuses eram artefatos humanos. Se tivessem se apercebido de que as deidades cujas imagens deixavam para trás eram ficções, o que teriam sentido?

Escrita entre 1929 e 1930, a "Homenagem ao Museu Britânico" de William Empson é uma meditação sobre o desaparecimento dos deuses:

> Lá entrando, possamos absorver as culturas das nações
> E dissolver em nosso julgamento seus códigos.
> E então, enfrentando uma natural hesitação
> (As pessoas constantemente perguntam onde fica a saída),
> Possamos admitir ali que não conhecemos o caminho.
> Tudo sendo, admitamos que isto já é algo,
> Ou nos concedamos o benefício da dúvida.
> Possamos oferecer nossa pitada de pó a esse Deus,
> E reconhecer seu reino em todo o prédio.[10]

A tranquila aceitação em Empson de que os deuses são tão mortais quanto os modos de vida que santificam é rara em tempos modernos. Para os que não suportam viver sem uma crença, qualquer fé é melhor que nenhuma. É o atrativo do fundamentalismo, que promete banir a falta de significado por um ato da vontade. Donde, também, o entusiasmo dos humanistas na construção de deuses, anunciando a chegada de uma nova deidade mais feia que qualquer outra que jamais tenha sido cultuada, uma versão divinizada deles mesmos...

Em "Os Pombos do Museu Britânico" (1884), Richard Jefferies se referia aos pombos do museu como visitantes que viam o prédio como um elemento do mundo natural:

> Para eles, o prédio não passa de uma rocha em que foram cavadas convenientes cavernas; eles usam o exterior para suas finalidades, mas não vão mais longe que isso. Ao ar e à luz, ao cascalho iluminado pelo sol, ao verde

116 O SILÊNCIO DOS ANIMAIS

gramado entre este e a balaustrada — a estes elementos eles dão atenção, e só a eles. O pesado tráfego em Oxford Street, audível ali, nada significa para eles; a luta pelo dinheiro não os sensibiliza, deixam simplesmente que passe. Como tampouco as muitas mentes buscando e rebuscando na grande Biblioteca, esse afã mental não representa mais para eles que o carregamento dos vagões na rua. Nem o produto tangível nem a realização intelectual têm qualquer valor — apenas o ar e a luz. Encontram-se nas galerias internas ídolos sobre cujos traços esculpidos o quente sol oriental brilhou há milhares de anos. São obra do empenho humano, ainda que equivocado, e resultaram do pensamento e do trabalho manual de seres humanos. Os pombos adejavam em torno dos templos naquela época, cheia de ar e luz. Adejavam em torno dos melhores templos da Grécia e ao redor dos pórticos onde nasceu a filosofia. Ainda assim, apenas a luz, a luz do sol, o ar do céu. Nós labutamos e pensamos, e esculpimos nossos ídolos, e a pena nunca cessa seu lavor; mas a passagem dos séculos nos deixou no mesmo lugar. Os pombos que não labutaram nem se esforçaram no pensamento possuem a luz do sol. Não é deles a melhor parte?[11]

Jefferies voltou-se dos deuses criados pelo homem e abrigados no Museu Britânico para o ar e a luz, nos quais foi procurar a liberdade. Mas o que buscava podia ter-lhe chegado em qualquer lugar — em uma rua cheia de gente, até em uma igreja. A liberdade que os místicos da natureza procuram além da cena humana é como o reino espiritual dos religiosos, uma construção mental do homem. Querer fugir de si mesmo expulsando a própria sombra é uma vã tentativa. Mas se olhar com olhos que não estejam encobertos por um filme de pensamentos, talvez você veja uma cena que só pode ser vista uma vez.

CIDADES INFINITAS

Não é preciso olhar para fora do mundo humano para ver uma cena que os humanos não tenham criado. O próprio mundo humano não é suscetível de ser conhecido pelos humanos. Os assentamentos que criaram para se instalar podem ser tão impenetráveis quanto as mais profundas florestas.

OUTRA LUZ SOLAR

Vi um homem que morria longe de Londres suspirar estranhamente pela possibilidade de ver de novo a fumaça que, em uma plataforma do metrô, escapa em grandes baforadas cinzentas por uma abertura circular em um anteparo sujo e enferrujado, em direção à débil luz lá em cima. Ele queria vê-la de novo exatamente como outros podem desejar voltar a ver a baía de Nápoles, os olivais de Catânia. Outro queria — e como queria! — ver mais uma vez o tapete de pombos no cascalho em frente aos degraus de certo Museu; estranha e indecorosa figura de homem surrado, com sua cartola, segurando um papel com migalhas de bolo, tendo pombos nos ombros, nas mãos, movendo-se entre seus pés e adejando feito auréola de asas ao redor de sua cabeça.

Londres tem dessas coisas. Raramente se pode ver esse tipo de coisa em uma mesma oportunidade, como sempre se pode ver em qualquer cidade do interior [...]. Vista de longe, é uma nuvem no horizonte. À noite, do sombrio lado mais afastado das colinas de Surrey, por cima da escura linha de arbustos no horizonte, das copas dos pinheiros, dos olmos, pode-se ver no céu um sinistro e agourento fulgor. É Londres, manifestando-se nas nuvens.[12]

É um trecho de *A alma de Londres* (1905), de Ford Madox Ford, no qual o romancista, poeta e crítico literário aplicava à cidade o método impressionista que produziu suas obras mais inovadoras. Em *O bom soldado* (1915), Ford alterou a natureza do romance ao contar uma história com todas as lacunas e deslizes da vida e da memória reais. A ficção de um espectador onisciente da cena humana foi abandonada em favor de uma tentativa de recriar o caráter fugidio da experiência. Nos quatro volumes de *Parade's End* [O fim da parada] (1924-28), possivelmente o maior romance da língua inglesa do século XX, Ford aplicava uma técnica semelhante à recriação do impacto da Primeira Guerra Mundial na vida dos ingleses. Ao trocar a descrição narrativa pelas irregularidades da percepção e da memória, Ford buscava maior realismo. Em vez de fabricar uma narrativa coerente, ele apresenta as experiências de um único indivíduo; mas o indivíduo é esquivo, uma confluência de sensações, mais que um ator ou observador constante.

O impressionismo literário de Ford surgiu mais ou menos na mesma época que o impressionismo na pintura, e existem afinidades entre ambos. Assim como os pintores impressionistas tentavam não representar as coisas, antes registrando sensações, Ford procurava capturar as experiências transitórias que constituem nossa vida. Considerar que o mundo se constitui de coisas estáveis é uma espécie de alucinação. Cenas rapidamente cambiantes adquirem a fixidez congelada de ilustrações de livros e exposições em museus. O impressionismo literário era uma tentativa de um novo tipo de realismo.

Ford cita Tennyson como exemplo do tipo de escrita que critica:

> *And bats went round in fragrant skies*
> *And wheeled or lit the filmy shapes*
> *That haunt the dusk, with ermine capes*
> *And woolly breasts and beady eyes.*

> [E os morcegos cruzavam céus perfumados
> E giravam ou iluminavam as formas nebulosas
> Que assombram o anoitecer, com capas de arminho
> E seios lanosos e olhos reluzentes.]

Ford comenta:

> Não resta dúvida de que é excelente história natural, mas certamente não é impressionismo, pois ninguém que observasse um morcego ao anoitecer veria a pele de arminho, a lã ou o brilho dos olhos. São coisas sobre as quais se poderia ler em livros, ou observar no museu ou no Jardim Zoológico. Ou então se poderia encontrar um morcego morto no caminho. Mas transportar para o registro das observações de determinado momento as observações de um momento completamente diferente não é impressionismo. Pois o impressionismo é algo totalmente momentâneo [...] qualquer obra impressionista, seja em prosa, verso, pintura ou escultura, é a impressão de um momento; não é uma espécie de harmonioso e detalhado registro

de um conjunto de circunstâncias — é o registro da lembrança na nossa mente de um conjunto de circunstâncias que aconteceu dez anos atrás — ou há dez minutos. Poderia até ser a impressão de um momento — mas é a impressão, e não a crônica corrigida.[13]

Nesse modo impressionista de pensar, o mundo que os seres humanos vivenciam não é uma representação imperfeita de uma realidade que um dia será mais plenamente conhecida. Refletindo a natureza do animal que o constrói, o mundo humano é uma sucessão de fragmentos. Uma percepção perfeita das coisas não é possível, pois as coisas mudam a cada percepção que delas se tem.

Certos filósofos dirão que as coisas construídas pelo homem podem ser conhecidas mesmo se tudo que está fora do mundo humano for inacessível. Mas as coisas construídas pelos seres humanos também podem ser insondáveis. Um mapa pode representar as estruturas físicas de que se constitui uma cidade em dado momento, mas a cidade propriamente permanece inexplorada. Não só porque terá mudado materialmente quando o mapa for publicado. Um mapa não pode conter a infinidade de lugares contida na cidade, que vem e vai junto com as pessoas que por ela passam. A representação gráfica é uma abstração, simplificando experiências incomparavelmente mais diversificadas. Costumamos pensar na cidade como pensamos a nosso próprio respeito, como coisas estáveis que são recorrentes ao longo do tempo, quando na verdade, em cada caso, o que recorre é algo insubstancial, uma criação do pensamento em grande medida fictícia.

Para Ford, Londres não era um lugar fixo e permanente, mas um labirinto móvel:

> Quando evocada à distância, Londres oferece à mente singularmente pouco como imagem. Ela é em essência "cidade", e, apesar disso, muito pouco de uma cidade, muito de uma abstração. Alguém diz: "Ele conhece muito bem a sua Londres." E, no entanto, como conhecerá pouco de Londres além do que de fato é "seu". E se acaso fosse astrônomo, como poderia conhecer melhor o seu sistema solar...

120   O SILÊNCIO DOS ANIMAIS

E com sua "atmosfera", qualquer que seja ela, com seu "caráter", qualquer que seja, com os eventuais toques que propiciam a familiaridade e a
sensação de estar em casa, o formato dos capacetes dos policiais, o sinete
na frente das lojas, os efeitos luminosos projetados pelas lâmpadas de aço
na bruma, nas fachadas das casas, nas árvores dos jardins, nas balaustradas
dos parques, com todas essas coisinhas que contribuem para a atmosfera e
o caráter, esse ponto de partida continuará sendo para ele, por assim dizer,
um vidro através do qual verá posteriormente, um padrão que usará como
medida, a Londres que continua não sendo de ninguém.[14]

Ford não foi o primeiro a dar a entender que Londres podia ser infinita e
insondável. Relatando suas perambulações pela cidade sob o efeito do ópio,
o ensaísta inglês Thomas de Quincey confessava, no início do século XIX,
ter a impressão de que as ruas por onde passava eram fantasmas. Também
muito influenciado pela filosofia idealista alemã, como Samuel Coleridge,
outro consumidor de ópio, de Quincey abraçava uma espécie de ocultismo
transcendental no qual as sensações são códigos de coisas espirituais. Mas
existe uma defasagem impossível de superar entre o impressionismo e a fé
oculta em um reino para além do que é revelado aos sentidos. O mundo
simbólico criado pelos homens não é um texto hermético que, devida-
mente interpretado, transmite um conhecimento secreto das coisas. Os
símbolos humanos são poeira espalhada por um mundo que está além do
entendimento.

Se os românticos dão as costas às coisas construídas pelos seres humanos para encontrar algo significativo que os humanos não tenham feito, os
idealistas voltam ao mundo humano para fugir da perda de significado.
Ambos se equivocam. Sem sabê-lo, a mente humana cria mundos que não
pode apreender. Os artefatos humanos contêm uma beleza fora do alcance
dos olhos humanos normais. Os lugares criados pelos seres humanos são
tão sagrados e fugitivos quanto os que aparecem na sombra da floresta.
Rompendo o feitiço da percepção diurna, podemos ver nas cidades paisa-
gens tão inesperadas quanto as descobertas pelos exploradores em regiões
virgens do planeta.

TOSSE NO ADRO E UM CASACO VERDE

Se você estivesse destinado a morrer cedo, o que faria no tempo restante?
Uma pessoa decidiu sentar-se junto a um pequeno lago:

> Apesar da bela forma de um laguinho artificial para matar a sede do gado
> com água do orvalho ou da chuva, não é disto que se trata. É apenas um
> lago comum alimentado pela água que desce dos grandes desfiladeiros do
> planalto, e, no entanto, sempre me pareceu encantado. Passando por ele,
> muitas vezes pensei que um belo dia, por alguma revelação especial, eu re-
> ceberia dessa pequena poça d'água, dessa pequena pia verde de água benta,
> um sussurro sobre o segredo da vida. Ele me será revelado, tenho pensado,
> tão certa e naturalmente quanto a presença do orvalho se faz sentir nas
> flores do anoitecer que de repente se revelam úmidas ao toque, depois das
> horas secas da borboleta em um dia de verão.
>
> Sempre na expectativa dessa hora de graça, tenho me demorado à beira
> do lago a cada estação [...]. Foi em uma noite agradável do último mês de
> setembro que chegou a mim o sopro do conhecimento que eu buscava [...].
> Tudo estava em silêncio, expectante. O mensageiro que eu esperava final-
> mente foi revelado.
>
> Era uma lebre. Eu a vi de longe e não me atrevi mais a mover nem
> um dedo. Ela se aproximou em passos hesitantes, ora avançando, ora
> recuando, ora travessa, ora séria [...]. E se aproximava mais e mais. Será
> que realmente pretendia beber? Seria possível que a visse baixar o ma-
> cio queixo marrom até à água, a dez metros de mim? Se me fosse permitido
> presenciar tão delicada operação, com certeza eu finalmente receberia
> a revelação esperada. O silêncio da noite era tão profundo que daria
> para ouvir a pele de um rato do campo roçando nos caules e na relva
> do matagal, enquanto a lua, infinitamente remota, brilhava no céu em
> suprema quietude [...].
>
> Mas subitamente fui despertado de meu enlevo. Tinha ouvido algo, um
> som delicado e puro como chuva suave em uma folha. Era a lebre bebendo.[15]

Llewelyn Powys passou quase toda a vida adulta próximo da morte. Irmão mais moço de dois escritores mais conhecidos, John Cowper Powys (1872-1963) e Theodore Powys (1875-1953), e um dos onze filhos do reverendo Charles Francis Powys, Llewelyn foi informado, em 1909, aos 25 anos, de que sofria de tuberculose pulmonar. "O choque de me saber realmente doente teve o mais estranho efeito em mim [...]. Eu me comportava como se a morte não fosse o fim de toda criança nascida neste mundo, mas um acontecimento que, por algum motivo misterioso, fora reservado exclusivamente a mim [...]. Gostava de extrair disso todas as possíveis sanções; mas, ao mesmo tempo, no fundo do coração, recusava-me a me dar conta da gravidade da minha doença. Gostava de falar da morte, mas não tinha a menor vontade de morrer [...]. Dramatizava minha situação de todas as maneiras possíveis e imagináveis. Fiquei com a cabeça completamente transtornada, e conversava com a Morte como um esquilo que se aboleta no alto de uma árvore para fugir do perigo."

John, o irmão de Llewelyn, veio de Paris ao seu encontro em Dorset, entrando em seu quarto antes do amanhecer. Os dois conversavam até o dia clarear, Llewelyn apenas sussurrando, para não prejudicar os pulmões. Theodore, vindo de sua aldeia próxima, parecia preocupado com a eventualidade de contrair a enfermidade de Llewelyn: "Ele ficava sentado junto à janela aberta, aspirando ar puro enquanto fazia mil observações fantásticas e extravagantes." Outro visitante era um pedreiro. "Ele sentava junto a minha cama, transparecendo em todo o seu comportamento aquele júbilo muito especial que um ser humano sente ao ver outro apanhado em uma armadilha pérfida. '*Você está com uma tosse de cemitério de igreja*', disse [...]. Estas palavras, devo dizer, quase me fizeram saltar, fazendo com que me desse conta [...] de que era eu, e só eu, que, ao fim e ao cabo de todos os meus sensacionalismos e dramatizações, passaria noites frias, anos frios, séculos frios sozinho em um frio caixão de olmo."[16]

Em busca de tratamento para sua doença, Powys transferiu-se da Inglaterra, em dezembro de 1909, para Clavodel, na Suíça, onde passou dois anos em um sanatório. Na convalescença, sonhava constantemente com a morte. "Isto me acontecia desde a infância, mas nesse período essas imagens insubstanciais eram mais palpáveis, mais reais que nunca. Eu perambulava por alguma obscura paisagem de sonho e de repente me dava conta de certo cheiro invadindo minhas narinas. Era doce e ao mesmo tempo nojento. 'Há!', pensava com meus botões, 'o cheiro da mortalidade, o cheiro da carne humana em decomposição!' E imediatamente o solo sob meus pés afundava e eu me via me debatendo em um túmulo que cedia em todas as direções [...]. E vim a descobrir em anos posteriores, ao me aproximar com excessiva confiança de cadáveres de entes queridos, que o cheiro do meu sonho *era* de fato o cheiro de corpos humanos mortos, um cheiro sutilmente diferente do que emana de gado morto."[17]

Cercado de morte por todos os lados, Powys sentiu-se liberado da repressão sexual que impregnava a vida da classe média inglesa na época. Em consequência, seu período no sanatório suíço, onde esses costumes da classe média eram desconhecidos, não foi tão infeliz quanto se poderia supor. "Fiquei exultante ao me ver em tão auspiciosa área de recreação, sentindo na verdade o infinito contentamento que poderíamos imaginar em uma borboleta do tipo almirante vermelho europeu, por exemplo, que, depois de exaustivo voo pelas ruas asfaltadas de uma cidade, se visse na ditosa reclusão de um jardim cheio de gerânios [...]." Ele diferia de alguns dos outros ali internados pelo fato de ainda querer apaixonadamente viver. Mas reiteradas vezes arriscava a saúde em encontros prazerosos com companheiras de infortúnio que ainda podiam ser contagiosas.

Pelo resto da vida, Llewelyn foi um ardoroso defensor da liberdade sexual e um decidido adversário do cristianismo, ao qual se opunha em parte por sua cumplicidade na repressão sexual. Considerava-se um discípulo de Lucrécio, mas sem abraçar a crença epicurista do poeta romano de que o sexo representava uma ameaça à tranquilidade mental, devendo ser evitado. Muitos de seus escritos mais tardios são uma arrebatada defesa do materialismo. "O possível aniquilamento da matéria", escreveu, "o possível aniquilamento do universo — eis, com efeito, uma hipótese sobre a qual basear a filosofia da nossa vida."[18] Ele se mostrava intransigente na convicção de que rejeitar a religião significava abrir mão de qualquer ideia de ordem no mundo. "Não é apenas a crença em Deus que deve ser abandonada, não apenas toda esperança de vida depois da morte, mas toda confiança em uma ordem moral ordenada. É tão claro quanto o sol que a existência, tal como a conhecemos, não pode estar sob supervisão de deidade escrupulosa alguma [...]. A ausência de uma ordem moral sem ligação com os costumes humanos é certa. Precisamos estar preparados para nos posicionar sem bússola e com o escorregadio convés do navio da vida fugindo sob nossos pés. Niilistas dogmáticos, profundamente descrentes de todo bem, ficamos entregues aos nossos próprios recursos, como marinheiros naufragados. Não temos senso de direção, e reconhecemos sem discussão que além dos limites do nosso próprio e limitado momento, tudo está perdido."[19]

A partir das falas esparsas de Jesus — "um poeta original e apaixonado" —, Paulo inventou uma religião que nega a vida. Em vez de combatê-la, Powys recomendava deixar para trás a fé inventada por Paulo: "É deixar para lá. Qual a importância? Dá no mesmo. Que os mosquitos zunam, que as abelhas zumbam com seus focinhos ásperos enfiados no mel. Os pássaros adormecidos nos galhos das árvores, os insetos da noite executando missões obscuras entre caules estavam então, como continuam hoje, profundamente distantes das fantasias que alimentavam a mente do homem."[20] Os seres humanos são "gado sonhado, imagens de respiração, sombras passageiras que se deslocam rápidas pelas pastagens do mundo em direção a um cemitério onde, a um simples bater de mãos, a eternidade é como um dia, e um dia, como a eternidade".[21]

Apesar de inimigo da religião tradicional, Powys não era cego a sua beleza. "Às vezes, no início de uma manhã de domingo, eu entrava na velha igreja cinzenta para receber os sacramentos [...]. E ao ajoelhar de cabeça baixa para participar do velho e belo ritual, tentava imaginar que segredo íntimo estava contido no boato absurdo, para que pudesse sobreviver geração após geração, onde quer que dois ou três se reunissem. E cercado da curiosa paz do lugar, podendo os olhos alcançar pelas vidraças de chumbo as frias árvores desnudas da sebe do cemitério da igreja [...] eu me sentia meio inclinado a acreditar também. Por que não?"[22] Embora até o fim se espantasse com a

OUTRA LUZ SOLAR

disseminação do cristianismo e lastimasse que tivesse conseguido converter tantos, ele não atribuía esse sucesso à estupidez humana. A religião era uma reação poética a realidades humanas que não mudam: acima de tudo, o fato da morte.

Voltando a Dorset após um aparente recuo da doença, ele encontrou um velho lenhador caminhando por uma trilha rural. "'Ora vejam só!', exclamou ele, 'não esperava mesmo voltar a vê-lo, mestre Llewelyn, senão como cadáver, se entende o que quero dizer [...].' O velho lenhador me examinou de alto a baixo, do chapéu às botas cobertas de poeira. 'Vai conseguir atravessar o verão', disse, sabendo do que falava; 'mas nunca vai se livrar dessa tosse. Os médicos dizem que podem curá-lo, mas não podem. Podem fazer uns remendos, quem sabe, mas fique tranquilo: logo estará usando um paletó verde.' Com esse 'usando um paletó verde' ele se referia, eu bem sabia, ao verdor da relva que, estava convencido, logo estaria crescendo sobre o meu túmulo."[23]

O lenhador estava certo ao dizer que Powys não seria curado, mas se equivocava ao supor que logo estaria morto. Em 1914, ele embarcou para a África Oriental Britânica, onde um de seus irmãos tinha uma fazenda, e passou cinco anos trabalhando como pecuarista. Mais tarde, faria fama nos Estados Unidos publicando uma série de artigos sobre sua época na África. Sua vida no continente africano servira apenas para enrijecer ainda mais sua filosofia: "A África, como seus leões de juba negra, suga do sangue vital todas as delicadas ilusões que havia tanto tempo dançavam diante dos olhos dos homens, fazendo-os felizes. Só a verdade continua viva. O que se desconfiava na Europa fica patente aqui: *no fundo do poço da Vida não há esperança*. Debaixo de Escorpião, debaixo do Cruzeiro do Sul e à luz clara desse sol tropical sem paixão, o vazio da alma do mundo fica evidente: *a superfície é tudo, por baixo não há nada*."[24] Em vez de deixá-lo perturbado, a descoberta de que nada havia por baixo da superfície das coisas o fazia ainda mais decidido a desfrutar da vida.

Depois de retornar a Dorset, ele embarcou novamente com o irmão John, em 1919, para tentar ganhar a vida nos Estados Unidos como escritor e conferencista. Sem aptidão para falar em público (ao contrário do irmão),

126   O SILÊNCIO DOS ANIMAIS

ganhou tão pouco dinheiro escrevendo que, a certa altura, contemplou a possibilidade de se instalar em um dos quartos anunciados por vinte e cinco centavos a noite em um hotel da Sexta Avenida em Nova York — miseráveis cubículos dando, como em uma catacumba, para um corredor central. "Com um sentimento de infinita nostalgia, eu me lembrava das cavalgadas em extensas planícies africanas, onde os cascos do meu garanhão pisoteavam ossos de leões; onde havia lugares tão distantes dos seres humanos e das armadilhas que preparam uns para os outros que a fêmea do rinoceronte podia amamentar seu rebento em total ignorância da existência no mundo de um antropoide ereto tão inacreditável em sua esperteza e ferocidade quanto o *homo sapiens*."[25]

Em 1925, Powys voltou à Inglaterra e se estabeleceu em uma região distante do litoral de Dorset, na companhia de Alyse Gregory, ex-editora do jornal literário americano *The Dial*, com quem se casara em Nova York em 1924. Os dois viajaram muito juntos — de volta aos Estados Unidos, onde finalmente ele ganhara alguma reputação, graças a suas memórias da época na África, *Ebony and Ivory* [Ébano e marfim] e *Black Laughter* [Riso negro], para a Palestina e Capri, de novo para os Estados Unidos e as Índias Ocidentais, de volta a Dorset e novamente para a Suíça. Nascido em 1884, ele morreu de úlcera hemorrágica em dezembro de 1939.

A morte de Powys parece ter sido em grande medida como ele visualizou em *Love and Death: an imaginary autobiography* [Amor e morte: uma autobiografia imaginária], publicado em maio de 1939:

> Dei-me conta então de que Alyse devia ter mandado a enfermeira embora, pois estávamos sozinhos os dois. Minha febre passara. Eu sentia frio e tremia. Mas minha mente continuava lúcida. Eu estava morrendo e o sabia. Privado do resto do meu dia, devo agora abdicar da minha respiração própria. Finalmente chegara para mim, aquele pavoroso momento, ele havia chegado, mas eu não sentia medo [...]. A morte, pensava, não é tão terrível quanto eu esperava [...]. Meu peito arfava. Uma escuridão mais profunda que nunca me oprimia, submergindo meu ser, afundando-o em uma torrente de absoluto

OUTRA LUZ SOLAR

negrume, um negrume isento de sensações, isento de pensamentos; um negrume despreocupado de tudo, exceto um comércio cego e sem qualquer ciúme com a poeira das eras infindáveis. [26]

Na Suíça, horas antes de morrer, Powys disse à mulher: "Gostaria de ser a doce teia de pó." Um ano depois, de volta a Dorset, Alyse escreveu: "Nossa origem é animal e nós voltamos ao pó — as fantasias do nosso cérebro não passam de lanugem de cardo ao vento. Eu aprecio a formalidade, a delicadeza, a sutileza no comportamento e nas ideias, e ao mesmo tempo sei que a vida não é *nada* — uma fanfarra, as asas de uma gralha, que se vão como o assobio de um garoto."[27] Ela ainda viveria um quarto de século, boa parte do tempo feliz, recebendo a visita de amigos de todo o mundo e desfrutando do cenário selvagem em torno da casa onde vivera com o marido. Tornando-se frágil demais para as caminhadas necessárias à vida no lugar, foi afinal para o interior em 1957. Dez anos mais tarde, matou-se engolindo um pó fatal depois de se estender em uma capa que o marido usava.

Powys não acabou com a própria vida, mas não lutou quando ela lhe foi tirada. Recusou uma cirurgia recomendada pelos médicos. "Eles estão me arrastando de um jeito errado. Tive uma vida feliz e no fim quero morrer como um seguidor de Epicuro."[28] Uma semana antes de morrer, ele escrevera a um amigo: "Tive uma vida feliz de meio século à luz do sol."[29]

O que foi que Powys buscou a vida inteira, enquanto fugia da perspectiva de uma morte prematura? Certamente não era a imortalidade. Ele tinha, como o poeta imagista F. S. Flint, o sentimento de que os seres humanos não nasceram para ser imortais:

> Imortais?... Não,
> Elas não podem, essas pessoas,
> nem eu.
> Rostos cansados,
> olhos que nunca viram o mundo,
> corpos que nunca viveram ao ar livre,
> lábios que nunca renovaram a fala,
> eles são os confusos e entrecortados,

bloqueando o caminho...
Imortais?...
No bosque,
observando a sombra de um pássaro
que pula entre os tufos do matagal,
eu sou imortal.
Mas eles?[30]

Ser mortal não significava uma punição para Powys, embora ele detestasse a ideia de morrer. O fato de nunca estar longe da morte o deixava livre para seguir seu prazer, que era a própria sensação da vida.

UMA DECISÃO DE DESAPARECER

"[...] aquele homem que enterrara todos os fantasmas, perdera todas as sombras e olhava em seus olhos com fria serenidade".[31] Assim Georges Simenon descreve o Sr. Monde, respeitado empresário que desaparece inesperadamente ao completar 48 anos, abandonando a mulher, a família e o negócio. Ele o faz por livre e espontânea vontade, e, no entanto, parece-lhe que não tinha escolha. "Não havia nenhum conflito interno, nenhuma decisão a ser tomada, e na verdade nada chegou jamais a ser decidido." Ao tirar grande quantidade de dinheiro do cofre e sair para a rua, ele não tem nenhum plano claro. Tendo vestido roupas de trabalhador e raspado o bigode, ele se hospeda em um hotel barato e, na manhã seguinte, toma o trem para Marselha.

Ao acordar em outro hotel barato, perto do porto, ele se dá conta de que estava chorando.

> Não eram lágrimas como quaisquer outras. Jorravam em um fluxo quente e infindável de alguma fonte profunda, juntavam-se por trás da barreira dos cílios e se derramavam livremente pelo rosto, não em gotas separadas, mas em filetes ziguezagueantes como os que descem pelas vidraças nos dias de chuva, e a umidade do rosto se espalhava pelo travesseiro.

OUTRA LUZ SOLAR

As lágrimas não são causadas pelo quarto pobre, mas pela vida que ele teve:

> Ele estava lúcido, não com a lucidez do cotidiano, do tipo que a gente aceita, mas, pelo contrário, aquele tipo do qual depois nos envergonhamos, talvez por conferir a coisas supostamente banais a grandeza a elas atribuída pela poesia e a religião. O que fluía de todo seu ser através dos olhos era todo o cansaço acumulado durante 48 anos, e se eram lágrimas suaves, era porque a provação tinha acabado.
>
> Ele desistira. Deixara de lutar. Acorrera de muito longe — a viagem de trem não existia mais, havia apenas uma sensação de fuga interminável —, tinha acorrido até ali, na direção do mar, que, vasto e azul, mais intensamente vivo que qualquer ser humano, a alma do mundo, respirava pacificamente perto dele.

Despertado de seu sonho pelo ruído de uma briga no quarto ao lado, ele conhece uma garota — Julie — que consegue emprego como recepcionista em um cassino. Em questão de poucos dias, está vivendo com ela e trabalhando em uma boate, onde é pago para espiar os empregados por um orifício para ver se estão trapaceando. Dias depois, o pacote com o dinheiro que ele havia tirado do cofre, e que deixara no alto do armário em seu quarto, se foi. Agora ele não tem nada, e, adotando o nome falso de Desiré Chouet — que viu na loja de um sapateiro —, ele passa a viver como os outros.

O Sr. Monde não encontrou a liberdade que buscava. O mundo que encontra nas margens da sociedade não é tão diferente daquele que rejeitou, apenas mais problemático financeiramente. Ainda assim, a vida é diferente para Desiré. A luz mudou:

> A luz era a mesma que permeia os riachos protegidos do Mediterrâneo: era a luz do sol, ele se deu conta, mas uma luz diluída, difusa, às vezes decomposta, como se passasse por um prisma, subitamente violeta, por exemplo, ou verde, o intenso verde do lendário e fugidio raio verde.

---

130   O SILÊNCIO DOS ANIMAIS

Ele não fica decepcionado nem deprimido. Sabe quem roubou seu dinheiro: uma empregada que olhava para ele com hostilidade desde o roubo, e que é por ele cumprimentada com exagerada cortesia toda vez que se cruzam. "Monsieur Monde não estava com raiva, nem ressentimento, nem arrependimento. Quando tinha 14 ou 15 anos e estava no liceu, passara por um período de forte misticismo em seguida ao jejum da Quaresma. Dedicara seus dias e parte das noites à perfeição espiritual, e por acaso guardava uma foto sua dessa época [...]. Parecia mais magro, com um ar desdenhoso e um sorriso suave que mais tarde o deixaria enfurecido, quando veio a reação [...]. E, embora a pele outrora rosada agora estivesse amarelada, ele contemplava com certa complacência, sempre que surgia oportunidade, o reflexo de um rosto que não falava apenas de serenidade, mas de uma alegria secreta, de um deleite quase mórbido."

Trabalhando junto ao orifício, ele vê na boate sua primeira mulher, hoje viciada em morfina. Os dois se encontram e viajam de volta a Paris, onde ele providencia um tratamento para ela. Ao mesmo tempo, volta para a família sem dar qualquer explicação de sua ausência. Não é a mesma pessoa que antes. Enquanto convencia a primeira mulher a acompanhá-lo e confiar-se aos cuidados de um médico, algo lhe acontecera:

> Ele certamente não era um espírito desencarnado. Continuava sendo o Sr. Monde, ou Desiré, mais provavelmente Desiré [...]. Não! Não importava [...]. Ele era um homem que por muito tempo suportara a condição de homem sem ter consciência dela, como outros suportam uma doença sem saber de sua existência. Sempre fora um homem entre os outros, e, como eles, tinha lutado, abrindo caminho na multidão, ora debilmente, ora de maneira resoluta, sem saber para onde ia.
>
> E agora, à luz do luar, ele de repente encarava a vida de outra maneira, como se ajudado por algum raio X milagroso.
>
> Tudo que antes importava, todo o tegumento e a carne e a aparência externa de tudo aquilo deixava de existir, e o que havia em seu lugar...
>
> Mas, não! Não valia a pena falar disso a Julie nem a ninguém mais. A coisa era *incomunicável*.

O que sabia ele agora que ignorava antes? Deitado em seu quarto de hotel em Marselha, caindo no sono e despertando, ele sentia ter descoberto algo. Mas o que era aquilo que descobrira?

> Ele se virou com dificuldade no leito duro cheirando a suor. Já se acostumara de novo ao cheiro de seu suor, exatamente como na infância. Durante tantos anos, a maior parte da vida, ele esquecera o cheiro do suor, o cheiro do sol, todos os cheiros vivos de que as pessoas ocupadas com seus afazeres não têm mais consciência, e se perguntava se não seria este o motivo de...
> Ele estava próximo de uma verdade, uma descoberta, começara a mergulhar de novo, até que algo o trouxe de volta à superfície [...].

O que o Sr. Monde descobriu não pode ser transmitido em palavras. Epifania negativa em que os significados da vida cotidiana se esvaem, ela vem e vai em um átimo. Mas o que o Sr. Monde vê não deixa de ter valor, pois o torna um homem diferente.

A Fuga do Sr. Monde é um dos *romans durs* (os *romances duros* a que Simenon se referia para distingui-los das centenas de romances populares de mistério que também escrevera) nos quais o criador do inspetor Maigret explorava os sentimentos de inquietação que solapam as vidas aparentemente mais sólidas.

O tema dessas histórias é a alma humana, mas muito pouca psicologia vamos encontrar no delineamento dos personagens. O Sr. Monde existe nas impressões que o levam a agir. Quando ele abandona seu conforto burguês pelo aparente romantismo do *demimonde*, o leitor não é informado de suas motivações. Pelo contrário, somos informados de que nem o próprio Sr. Monde sabia por que estava indo embora. Embora fiquemos sabendo algo sobre os pensamentos que o perturbam durante o sono, muito pouco nos é dito de seu estado de espírito. Descobrimos que no início da adolescência ele teve um período de religiosidade. Mas não se caracteriza se essa devoção tinha algo a ver com a súbita renúncia à vida bem estabelecida que levava.

É como se o Sr. Monde se constituísse dos ambientes em que se encontra. Embora não soubesse propriamente o que estava fazendo, seu gesto era de sua plena responsabilidade — um ato impulsivo. O estranho em que se transforma parece surgir do nada — uma reação às visões, sons e cheiros que encontra ao largar sua vida anterior. As histórias de Simenon não contêm uma lição moral. Mas, se uma ideia as perpassa, é que as impressões que temos são mais reais que o eu que julgamos ser o autor da nossa vida.

Como em todos os escritos de Simenon, a religião não é rejeitada, mas ignorada. O Sr. Monde observa com compassivo desprezo a severidade de sua adolescência, e nada parece indicar que anseie por algum tipo de redenção. O que busca é uma forma de liberdade — daquela que se manifesta quando não somos mais governados pelas leis da memória.

Em seu estudo sobre Proust, Samuel Beckett escreve:

> As leis da memória estão subordinadas às leis mais gerais do hábito. O hábito é um acordo entre o indivíduo e seu ambiente, ou entre o indivíduo e suas próprias excentricidades orgânicas, fiador de uma tediosa inviolabilidade, para-raios da sua existência. O hábito é o lastro que prende o cão a seu vômito. Respirar é um hábito. A vida é um hábito. Ou por outra, a vida é uma sucessão de hábitos, já que o indivíduo é uma sucessão de indivíduos [...]. A criação do mundo não ocorreu de uma vez por todas, mas se dá a cada dia. O hábito, assim, é o termo genérico para designar os incontáveis tratados firmados entre os incontáveis sujeitos que constituem o indivíduo e seus incontáveis objetos correspondentes. Os períodos de transição que separam as consecutivas adaptações (já que nem por algum expediente de macabra transubstanciação a mortalha pode servir como fralda) representam as zonas de risco da vida do indivíduo, perigosas, precárias, dolorosas, misteriosas e férteis, quando por um momento o tédio de viver é substituído pelo sofrimento de ser.[32]

O mundo em que vivemos no dia a dia é feito de hábito e memória. As zonas de risco são os momentos em que o eu, também feito de hábito e memória, cede. Então, ainda que por um instante apenas, podemos tornar-nos algo diferente do que temos sido.

UM ESTRANHO NOS BASTIDORES

O santo padroeiro do humanismo é uma figura enigmática. Não temos como saber como era de fato Sócrates, já que a imagem que dele temos foi moldada por Platão. O fundador da filosofia ocidental pode ter sido um sofista que, em vez de aceitar que nada sabia, acreditava nada haver que valesse a pena saber; ou um praticante tardio do xamanismo cujos vislumbres de verdade procediam de um oráculo interno. Pode até ter sido como Platão o descrevia, um místico racionalista que acreditava que os seres humanos — ou pelo menos alguns poucos iniciados — eram capazes de ganhar acesso a um reino além do tempo.

Não importa muito quem ou o que Sócrates pode ter sido, já que o poder que exerce sobre a mente é o poder do mito. A herança socrática consiste em certo número de artigos de fé que de uma maneira ou de outra moldaram o pensamento humanista. A ideia de que o mal humano é um erro, destinado a desaparecer com o avanço do conhecimento; de que a boa vida é necessariamente uma vida examinada; de que a prática da razão pode capacitar os seres humanos a determinar seu próprio destino — essas alegações altamente questionáveis têm sido repetidas como axiomas incontestáveis desde que Sócrates adquiriu o status de santo humanista. Nietzsche, que criticava Sócrates ferozmente sem nunca deixar de admirá-lo e reverenciá-lo, escreveu: "Somos obrigados a ver em Sócrates o único ponto em torno do qual a chamada história do mundo dá voltas e reviravoltas."

No mínimo pelo pressuposto implícito de que é o pensamento europeu que molda a história do mundo, trata-se de uma afirmação extravagante. Mas é verdade que boa parte do pensamento moderno baseia-se em premissas socráticas. Ao criticar Sócrates como suprema fonte do humanismo, Nietzsche olhava retrospectivamente para uma cultura grega arcaica e pré-filosófica que talvez nunca tenha existido da maneira dionisíaca por ele imaginada. Mas, quando escreve que "a imagem de Sócrates moribundo, o homem que se eleva acima do medo da morte pelo conhecimento e a razão, é o escudo heráldico erguido acima do portão de entrada da ciência para lembrar a todos o seu propósito, a saber, fazer com que a existência pareça inteligível e, portanto, justificada", Nietzsche descreve com precisão a fé pela qual de fato vivem aqueles que, no Ocidente, acham que abriram mão da religião.[33]

Como bem sabia Nietzsche, essa crença tem como um de seus princípios que a tragédia não é um fato definitivo: o que consideramos trágico é apenas um tipo de fracasso, de consequências infelizes ou desastrosas, que pode ter sua incidência e seus efeitos minimizados com o tempo. Com alguma previdência, a tragédia pode ser evitada, ou então — se ela se revelar inevitável — usada para estimular as aspirações humanas por um futuro. Os seres humanos certamente haverão sempre de sofrer perdas e tristeza. Mas a vida humana não precisa ser trágica. Pois se a tragédia sempre pode ser evitada ou redimida, no fim das contas não existe tragédia.

Essa visão foi atribuída ao rei greco-tebano mitológico Penteu pelo poeta americano Robinson Jeffers (1887-1962) em "A tragédia humanista", breve tradução em versos da peça *As Bacantes*, de Eurípedes. Influente em certa época, depois muito polêmico e por fim quase esquecido, Jeffers é um dos mais interessantes críticos do humanismo no século XX. Ele reformulou o drama grego como uma imagem poética, dando a entender que a tragédia é algo inerente ao ser humano, mas ainda assim existe algo além da tragédia.

Acreditando na razão, Penteu proibiu o culto de Dionísio, o deus do vinho, do êxtase e dos excessos. Depois de atrair a mãe de Penteu, juntamente com outras mulheres tebanas, para uma montanha onde participam de ritos báquicos, Dionísio atrai Penteu para a montanha, onde o rei é trucidado pelas participantes. Possuída pelo deus, a mãe de Penteu está entre as que matam o rei. Acreditando tratar-se da cabeça de um leão, ela leva a cabeça do filho à corte real. O transe passa e ela se dá conta do que fez. Arruinada, vai para o exílio com suas irmãs. Permanece apenas um velho cego.

Jeffers relata de que maneira Penteu — "Não como um animal criado na torrente da paixão, barco sem remo, mas atento à própria dignidade como ser humano, rei e grego" — é levado a presenciar a orgia báquica:

OUTRA LUZ SOLAR

Sem medo nem prazer,
Como um homem espia animais nocivos, ele escondido espiava
O coro raivoso do Deus.
Elas tinham varas com pinhas na ponta, andavam seminuas, roucas das
suas canções insanas; a espuma das suas bocas,
se misturava
A vinho e suor escorrendo por seus corpos. Ó tolas, barcos
Sem remo levados pela torrente da paixão,
Esquecendo completamente toda dignidade do homem, o orgulho do
único animal
dotado de autocontrole,
Que comanda a própria alma e determina até
O destino, por algum tempo. O único animal que transforma os meios
em fim.

Em vez de reforçar a fé de Penteu na razão, a visão daquele frenesi mergulha
o rei em confusão:

"Para quê? Ó, para quê?",
vinha o grito sob sua mente: "Ampliar a cidade? Subjugar a terra?
Alimentar escravos e gado, e os próprios
Rebentos, nutridos e seguros? Ah, frutíferas-infrutíferas
Gerações para todo sempre [...]. Pelo prazer" — e ele cuspiu
na terra — "o leve e raro prazer
Em superávit da dor? [...]"
"As gerações", pensou de repente,
"aspiram. Melhoram; ascendem [...] Esquecera eu a finalidade
do ser? Aumentar o poder, o autocontrole e a dignidade do homem. —
Uma Criatura mais senhora de si e digna", gemeu, "ao morrer e feder."

Penteu quer ficar no autocontrole humano. Mas o deus aparece — "tal navio
alto / enfrentando as águas" — e diz em voz baixa às adoradoras:

O SILÊNCIO DOS ANIMAIS

"Quando morrerem
Sereis parte da paz; que homem algum
Sonhe mais com a morte; não ver nem ouvir nem
imaginar; nenhum de nós, deuses, nela entra.
Sereis parte da paz, mas sem *fazer*
parte: como se um flautista
criasse beleza sem ouvi-la, sendo surdo e insensível.
Mas vivendo, se quiserdes,
Será possível romper vossa prisão e entrar na
Natureza das coisas e usar a beleza.
Vinho e anarquia, arte e música, amor, autotortura, religião,
São meios mas não necessários, a contemplação o fará. Apenas
Para romper o autocontrole humano."[34]

O deus articula a visão de mundo de Jeffers, que ele próprio chamava de des-humanismo, "uma mudança de ênfase e significado do homem para o não homem; a rejeição do solipsismo humano e o reconhecimento da magnificência trans-humana [...]. Este modo de pensamento e sentimento não é misantropo nem pessimista, embora duas ou três pessoas o tenham dito e possam voltar a dizê-lo. Não envolve nenhuma mentira e é um modo de preservar a sanidade em tempos complicados; tem verdade e valor objetivos. Propõe um distanciamento razoável como norma de conduta, em vez do amor, do ódio e da inveja. Neutraliza o fanatismo e as expectativas absurdas; mas confere majestade ao instinto religioso e atende a nossa necessidade de admirar a grandeza e nos regozijar com a beleza."[35]

A atitude preconizada por Jeffers, que ele próprio tentou sem êxito adotar, envolvia "a desvalorização das ilusões humanas, o voltar-se para fora, do homem para o que é infinitamente maior". Os seres humanos precisavam desse voltar-se para fora para não continuar eternamente se voltando uns contra os outros: "se em uma futura civilização os sonhos da Utopia incrivelmente viessem a se concretizar, e os homens de fato se libertassem da necessidade e do medo, tanto mais eles haveriam de precisar desse santuário, frente ao mortal vazio e à falta de significado de

OUTRA LUZ SOLAR

137

sua vida, tranquilamente entendidos em sua plenitude. Muito mais que o babuíno ou o lobo, o homem é um animal formado para o conflito; sem ele, sua vida lhe parece sem sentido. Só uma clara mudança de significado e ênfase, do homem para o que não é homem, nem um Deus sonhado pelo homem, uma projeção do homem, pode a longo prazo capacitá-lo para suportar a paz."[36]

Retirando-se em 1914 para o litoral bravio do norte da Califórnia, Jeffers construiu uma casa de pedra perto de Carmel para nela morar com sua mulher (que morreu em 1950), e ali passou o resto da vida. Nessa semirreclusão, tentou permanecer distante dos conflitos humanos de cuja insignificância falava. Queria reviver o senso trágico; mas não se mostrou capaz de ver a tragédia quando era encenada bem à sua frente. Justificadamente considerando a Primeira Guerra Mundial uma catástrofe, não foi capaz de ver que a Segunda Guerra Mundial haveria de se seguir, como trágica necessidade. Apoiando o isolamento americano, ele se esforçava por adotar uma pose de distanciamento:

> [...] até os P-38s e as Fortalezas
> Voadoras são naturais como moscas;
> Apenas o homem, suas dores e fúrias não são o que
> Parecem ao homem, nem grandes nem comoventes, mas na verdade
>
> Pequenos demais para causar algum distúrbio. O que é bom.
> É a sensatez, a misericórdia. É verdade que
> As cidades assassinadas
> Deixam marcas na terra por algum tempo, como
> Marcas de chuva na argila, igualmente belas.[37]

As tentativas de Jeffers de encontrar beleza no desesperado conflito que se seguiu ao ataque a Pearl Harbour destruíram sua reputação como poeta. Publicados em 1948, os poemas pareciam corroborar as acusações de seus críticos, que o consideravam um inimigo da civilização. Ao exigir o isolamento americano em uma guerra contra uma repugnante versão da barbárie moderna, o poeta recluso cometia um erro claro. Mas Jeffers estava certo na tentativa de convencer seus contemporâneos de que o animal humano enlouquece quando mergulha no mundo humano.

Ele foi criticado de forma mais equilibrada pelo poeta polonês Czeslaw Milosz, que durante algum tempo viveu não muito longe de Carmel, e embora admirasse sua coragem, rejeitava sua tentativa — e de qualquer outro — de olhar para fora do mundo humano. Milosz observou que Jeffers "era um escritor religioso, embora não no sentido que seria aprovado por seu pai, um pastor calvinista".[38]

É uma observação de grande perspicácia, mas o fato é que Jeffers não abandonou totalmente a crença do pai. Como Nietzsche — cujo pai também era pastor —, Jeffers nunca deixou o cristianismo para trás. Em vez de considerar que o universo emanava de Deus, ele o via como um processo sem propósito — mas que ainda assim devia ser objeto de devoção. Tal como os prazeres comuns da vida deviam ser abandonados em nome da deidade punitiva de seu pai, para Jeffers os sentimentos humanos precisavam ser sacrificados em nome de uma divindade panteísta. Jeffers amava o oceano e vivia perto dele, pois o mar representava a liberdade das preocupações humanas com que sonhava. Ao salmo cósmico de Jeffers, Milosz preferia os costumes da aldeia católica de sua infância, cuja população entalhava sóis e luas nas cruzes. Escreveu Milosz em um poema dedicado a Jeffers:

> A terra ensina mais que a nudez dos elementos. Ninguém
> impunemente
> Se dota dos olhos de um deus.[39]

Ao tentar se dotar dos olhos de um deus, ele não estava se afastando apenas do cristianismo. Também ia de encontro aos pagãos que queria emular. Pensadores pagãos como Sêneca e Lucrécio aspiravam à calma sem paixão do cosmo. Não imaginavam que pudessem tornar-se o cosmo ainda em vida. Aceitavam a mortalidade como uma dádiva. Jeffers queria celebrar a tragédia, e, como Nietzsche, pregava o *amor fati*: o destino devia ser abraçado com alegria. Mas os pagãos não viam o destino como algo que devesse ser amado ou cultuado. Marco Aurélio aconselhava resignação diante do destino — e não o *amor fati*. Sêneca recomendava forçar o destino a lutar em igualdade de condições, e, se parecer que ele está levando vantagem, negar a vitória ao destino acabando com a própria vida.

A autoimolação dionisíaca que Nietzsche lia nos gregos arcaicos e Jeffers queria reviver era na verdade uma aceitação cristã do sacrifício e da submissão. Exatamente por esse motivo, nem Nietzsche nem Jeffers foram capazes de resgatar o sentido da tragédia. Não obstante toda a agonia que expressa, a cruz não é um símbolo trágico. Teria havido tragédia se Jesus morresse derrotado. Pelo contrário, ele volta do reino dos mortos e o mundo se redime. Com sua esperança no progresso, os anticristãos modernos ainda são discípulos de uma fé antitrágica.

Mas não é só o cristianismo que nega a tragédia. O mesmo faz a outra grande corrente da tradição ocidental que deriva de Sócrates e Platão. Como certas tradições do misticismo oriental, o platonismo dissolve o eu em uma unidade imaginária.

Em "Credo", poema que pode ter resultado de seus encontros em meados da década de 1930 com o mestre indiano Jiddu Krishnamurti, Jeffers assinalava as diferenças entre seu misticismo e o oriental:

> Meu amigo da Ásia tem poderes e magia, ele colhe
> uma folha azul do jovem eucalipto
> E, contemplando-a, recolhendo e aquietando
> O Deus em sua mente, cria um oceano mais real que
> O oceano, o sal, a real
> E espantosa presença, a força das águas.
> Ele acredita que nada é real exceto em nossa concepção.
> Eu humildemente encontrei em meu sangue
> Nutrido a oeste do Cáucaso um misticismo mais duro [...].
> A mente
> Passa, o olho se fecha, o espírito é uma passagem;
> A beleza das coisas surgiu antes dos olhos e
> se basta; a beleza de partir o coração
> Permanecerá quando não mais houver um coração para se partir.[40]

Jeffers considerava seu "misticismo mais duro" uma alternativa à procura introspectiva dos místicos que, buscando em si mesmos vestígios de Deus, ainda acreditam que os seres humanos são o centro das coisas. Olhando para fora a partir da humanidade, Jeffers dava um passo necessário; mas quando escreve sobre a beleza imorredoura, mostra que seu misticismo é do tipo tradicional, sobrenatural. Jeffers queria evitar a identificação das ideias humanas com a realidade atemporal, como fizera Platão; como o filósofo grego, contudo, ele projetou na natureza das coisas uma reação humana ao mundo. A beleza que segundo ele sobreviverá a qualquer olho humano é a harmonia que Platão imaginava subsistindo fora do tempo — a mesma harmonia que Sócrates supunha capaz de acabar com o infortúnio humano. Para o fundador da filosofia ocidental, o *Logos* — a razão universal que falava por meio dele — representava para os que a seguiam uma garantia contra qualquer perda definitiva.

Ao contrário de seus discípulos modernos, Sócrates não pensava em progresso: a salvação não era um acontecimento histórico, mas a absorção em um reino atemporal. Um dos motivos de Sócrates não ter contestado a justiça da sentença que o condenou à morte foi considerar que sua parte mais essencial não podia morrer. Essa concepção grega de uma realidade espiritual perfeita foi assimilada no teísmo, no qual se tornou parte da ideia de Deus. O misticismo de Jeffers não era o misticismo ateu a que ele aspirava, mas uma transfiguração da religião cristã e platônica.

Sem se dar conta, Jeffers renovava a fé socrática que, juntamente com o cristianismo, veio a moldar o humanismo ocidental. A associação de uma concepção grega da razão como forma de acesso a verdades atemporais a uma visão cristã da salvação na história não resultou em nenhuma síntese coerente; mas o humanismo daí resultante — secular e religioso — constituiu a tradição ocidental central. Paralelamente a essa tradição, sempre houve vozes dando a entender que a vida pode ser bem vivida sem conforto metafísico: antigos dramaturgos e céticos europeus, aventureiros intelectuais pioneiros da modernidade como Montaigne e, mais recentemente, Mauthner e Freud, pensadores que não temiam duvidar do valor do pensamento.

OUTRA LUZ SOLAR 141

Se a mente humana pode um dia ser libertada do mito, não será por meio da ciência, muito menos da filosofia, mas em momentos de contemplação. Quando Wallace Stevens descreve um emigrado russo contemplando um prato de pêssegos, o russo não toca os pêssegos apenas com a mente:

> Com todo o meu corpo eu saboreio esses pêssegos,
> Eu os toco e cheiro. Quem fala?...
> Quem fala? Mas deve ser que eu,
> Esse animal, esse russo, esse exilado [...]
>
> [...] Eu não sabia
> Que essas crueldades podiam
> Apartar alguém de outro, como fazem esses pêssegos.[41]

A revelação causada pela contemplação dos pêssegos vem a ser "que eu, esse animal", um pobre animal mais rico do que supõe. Feitos de carne e sangue, nós podemos nos renovar contemplando. O eu que se manifesta no russo quando contempla os pêssegos lhe é desconhecido. Vendo os pêssegos com o olhar de um estranho, ele mergulha em um tipo de contemplação diferente daquela de que falam os místicos religiosos. Não foge da prisão de seu eu comum em direção a uma grande unidade, mas para um mundo externo que nunca viu antes. A visão pode trazer paz ou cruel tristeza. Em ambos os casos, é um intervalo na vida da mente.

A contemplação pode ser entendida como uma atividade destinada não a mudar o mundo ou entendê-lo, mas simplesmente a deixar que seja o que é. Ser receptivo dessa maneira não é fácil. Os dez anos em que John Baker buscou o falcão e a luta de Llewelyn Powys a vida inteira para recuperar uma visão em um lago implicavam a decidida recusa de distrações e obstáculos. Mas as epifanias resultantes não eram produto da intensa concentração que necessariamente as antecedia. A deliberada abertura da mente aos sentidos é um prelúdio de acontecimentos que não podem ser provocados.

Como a contemplação dos místicos religiosos, esse tipo de contemplação requer uma anulação do eu. Mas não com o objetivo de enveredar por um eu mais elevado — ficção deixada para trás por uma mente animal. Os místicos que buscam Deus querem ser guiados por essa ficção a um novo modo de vida. Têm razão quando consideram que uma vida feita apenas de ação é a busca de fantasmas; mas o mesmo se pode dizer da vida passada em uma fronteira fictícia entre dois mundos. O animal carente que inventou o outro mundo não vai embora, e o resultado de tentar deixar a criatura para trás é viver com seu fantasma.

A contemplação do ateu é uma condição mais radical e transitória: uma trégua temporária de um mundo demasiado humano, sem nada especial em mente. Na maioria das tradições, a vida de contemplação promete a redenção da condição humana: no cristianismo, o fim da tragédia e um vislumbre da comédia divina; no panteísmo de Jeffers, a aniquilação do eu em uma unidade extática. O misticismo ateu não pode escapar à finalidade da tragédia nem tornar eterna a beleza. Ele não dissolve o conflito interno na falsa quietude de uma calma oceânica. Tudo que oferece é o mero ser. Não há redenção da condição humana. Mas não é necessária nenhuma redenção. Escreveu Louis MacNeice:

> *If there has been no spiritual change of kind*
> *Within our species since Cro-Magnon Man*
> *And none is looked for while the millenia cool,*
> *Yet each of us has known mutations in the mind*
> *When the world jumped and what had been a plan*
> *Dissolved and rivers gushed from what seemed a pool*
> *For every static world that you or I impose*
> *Upon the real one must crack at times and new*
> *Patterns from new disorders open like a rose*
> *And old assumptions yield to new sensations.*
> *The Stranger in the wings is waiting for his cue [...].*[42]

> [Se não houve mudança espiritual de gênero
> Em nossa espécie desde o homem de Cro-Magnon
> E nenhuma é esperada enquanto o milênio esfria,
> E no entanto cada um de nós conheceu mutações na mente
> Quando o mundo saltou e o que era um plano

OUTRA LUZ SOLAR

Se dissolveu e rios brotaram do que parecia um lago
Pois todo mundo estático que você ou eu impomos
Ao mundo real haverá às vezes de rachar e novos
Padrões de novas desordens se abrirão como rosa
E velhos pressupostos cederão a novas sensações.
O Estranho nos bastidores está à espera da deixa [...].]

Agradecimentos

Este livro não poderia ter sido escrito sem a ajuda e o apoio de muitas pessoas. Simon Winder, meu editor na Penguin, estimulou-me a cada etapa do trabalho, e seus comentários sobre o texto foram inestimáveis. Tracy Bohan, minha agente na Wylie Agency, deu-me todo o apoio que um escritor poderia desejar, além de conselhos de que muito me beneficiei. As observações de Adam Phillips sobre o texto representaram uma contribuição vital para a forma do livro. Bryan Appleyard me apresentou a Wallace Stevens, cuja poesia me estimulou de muitas maneiras, com resultados que se manifestam no livro. As conversas com Christopher Frayling, David Herman, Giles Mercer, Paul Schutze, Will Self, Jon Stokes e Geoffrey Smith participam das ideias aqui colocadas. Como sempre, minha mais profunda dívida é com minha mulher, Mieko.

A responsabilidade pelo conteúdo do livro, inclusive eventuais erros, é exclusivamente minha.

John Gray

Notas

1. UM VELHO CAOS

1. John Ashbery, "Syringa", *Selected Poems*, Manchester, Carcanet, 2002, 245.
2. Arthur Koestler, *Darkness at Noon*, Londres, Vintage, 2005, 183-4.
3. Joseph Conrad, "An Outpost of Progress", *Almayer's Folly and Tales of Unrest*, Londres, Dent, 1972, 117, 94-5, 114, 116, 91, 92, 94, 100, 89, 91, 116.
4. G. Jean-Aubry, *Joseph Conrad: Life and Letters*, dois vols., Garden City New York, Doubleday, 1927, 1:141.
5. Conrad, "An Outpost of Progress", 87, 95, 116.
6. Wallace Stevens, "Sunday Morning", *The Palm at the End of the Mind*, 8.
7. Joseph Conrad, *The Secret Agent*, Oxford e Nova York, Oxford University Press, 1983, 81-2, 311.
8. Norman Lewis, *Naples '44: An Intelligence Officer in the Italian Labyrinth*, Londres, Eland, 2002, 43, 12, 51-2, 126, 168, 49.
9. Ver Julian Evans, *Semi Invisible Man: the Life of Norman Lewis*, Londres, Jonathan Cape, 2008.
10. Norman Lewis, *I Came, I Saw*, Londres, Picador, 1994, 321-323.
11. Sobre a vida de Malaparte, ver o prefácio de Dan Hofstadter a *Kaputt*, de Malaparte, tr. Cesare Foligno, Nova York, New York Review Books, 2005, 431-437.
12. Curzio Malaparte, *The Skin*, tr. David Moore, Nova York, Avon Books, 1965, 51-3, 48.
13. Malaparte, *Kaputt*, 416.
14. Idem, 55.

148   O SILÊNCIO DOS ANIMAIS

15. Os despachos enviados da Frente Oriental por Malaparte podem ser lidos em inglês em Curzio Malaparte, *The Volga Rises in Europe*, Edimburgo, Birlinn Ltd, 2000, 173, 267, 239-240.
16. Arthur Koestler, *The Invisible Writing: Autobiography 1931-53*, Londres, Collins/Hamish Hamilton, 1954, 15, 353, 351-2.
17. Arthur Koestler, *Arrow in the Blue: Autobiography*, Londres, Collins/Hamish Hamilton, 1952, 236-7.
18. Arthur Koestler, *Scum of the Earth*, Londres, Eland, 2006, 212, 155. Sabe-se que o livro de Maeterlinck foi plagiado de *The Soul of the White Ant* (1925), do escritor africâner Eugene Marais.
19. Stefan Zweig, *The World of Yesterday*, Lincoln e Londres, University of Nebraska Press, 1964, 1-2.
20. Joseph Roth, *The Emperor's Tomb*, tr. John Hoare, Londres, Granta Books, 1999, 35-6.
21. Joseph Roth, "The Bust of the Emperor", *Collected Shorter Fiction*, tr. Michael Hoffman, Granta Books, 2001, 241-2.
22. George Orwell, *1984*, Penguin Books, Londres, 1987, 263, 266, 267.
23. George Orwell, "Looking Back on the Spanish War", *Essays*, Penguin Books, Londres, 2000, 224-5.
24. Eugene Lyons, *Assignment in Utopia*, Nova York, Harcourt Brace and Co., 1937, 240.
25. Um relato da vida e morte de Jones é feito por Margaret Siriol Colley em *Gareth Jones: A Manchukuo Incident*, Alphagraphics, Nottingham, 2001. Um documentário radiofônico sobre Jones, "But they are only Russians", foi transmitido pela Rádio BBC 4 no dia 13 de janeiro de 2012.
26. Lyons, *Assignment in Utopia*, 281.
27. Idem, 451.
28. Idem, 447.
29. Orwell, *1984*, 261.
30. Idem, 275, 277, 280.
31. Fiodor Dostoievski, *Notes from Underground*, tradução e edição de Michael R. Katz, Nova York e Londres, W. W. Norton and Co., 2001, 10.
32. Sebastian Haffner, *The Meaning of Hitler*, tr. Ewald Osers, Londres, Phoenix, 1979, 38-39.
33. Sebastian Haffner, *Defying Hitler*, tr. Oliver Pretzel, Londres, Phoenix, 2002, 336.
34. Idem, 104.

NOTAS

35. Alexander Herzen, *From the Other Shore*, Oxford, Oxford University Press, 1979, 108-109.
36. Alexander Herzen, *My Past and Thoughts*, Berkeley, Los Angeles e Londres, University of California Press, 1982, 507, 519, 521.
37. Idem, 460, 463.
38. Adam Fergusson, *When Money Dies: The Nightmare of the Weimar Hyper-* *-Inflation*, Old Street Publishing, Londres, 2010, 1, 21, 25, 141, 181-2, 39.
39. W. Scheidel e S.J. Friesen, "The Size of the Economy and the Distribution of Income in the Roman Empire", *Journal of Roman Studies*, 2009, Volume 99, 61-91.
40. Leon Festinger, Henry W. Riecken, Stanley Schacter, *When Prophecy Fails*, Radford VA, 2011, 3-4, 6-7.
41. Frank Kermode, *The Sense of an Ending*, Nova York, Oxford University Press, 2ª edição, 2000, 6.
42. Ver John Gray, *Black Mass: Apocalyptic Religion and the Death of Utopia*, Londres, Penguin Books, 2007, 4-20.

2. ALÉM DO ÚLTIMO PENSAMENTO

1. *Letters of Wallace Stevens*, ed. Holly Stevens, Berkeley e Londres, University of California Press, 1996, 449.
2. Ver Philip Rieff, *The Mind of the Moralist*, 3ª edição, Chicago e Londres, University of Chicago Press, 1979, 17.
3. Sêneca, Epístola 51, *Epistles* 1-65, tr. R. M. Grummere, Cambridge, Mass e Londres, Harvard University Press, 2002, 341.
4. Carta a Oskar Pfister, citada por Philip Rieff, *The Triumph of the Therapeutic: Uses of Faith after Freud*, Wilmington, Delaware, ISI Books, 2006, 91.
5. Freud, "A Difficulty in the Path of Psychoanalysis" (1917), *Complete Psychological Works*, Standard Edition, Volume 17, Londres, Vintage Classics, 2001, 143-4.
6. Freud, "New Introductory Lectures on Psychoanalysis" (1932-3), Conferência XXXI, *Complete Psychological Works*, Standard Edition, Volume 22, 80.
7. Ver Mark Edmundson, *The Death of Sigmund Freud: Fascism, Psychoanalysis and the Rise of Fundamentalism*, Londres, Bloomsbury, 121-2, e Peter Gay, *Freud: A Life for Our Time*, Londres, Macmillan, 1988, 628.
8. Freud, "Why War?" (1932), *Complete Psychological Works*, Standard Edition, Volume 22, 211-2.
9. George Santayana, "The Long Way round to Nirvana", *The Philosophy of Santayana*, ed. Irwin Edman, Nova York, Charles Scribner's Sons, 1936, 576, 579, 580.

10. Santayana, "The Long Way Around to Nirvana", 574-5.
11. Sigmund Freud, *The Future of an Illusion*, tr. J. A. Underwood e Shaun Whiteside, Londres, Penguin Books, 2004, 38-39.
12. Idem, 34.
13. Idem, 72.
14. A ideia de que os mitos são ficções degeneradas é sustentada in Frank Kermode, *The Sense of an Ending*, 2ª edição, Nova York, Oxford University Press, 2000, Cap. II.
15. H. Vaihinger, *The Philosophy of "As If": A System of the Theoretical, Practical and Religious Fictions of Mankind*, tr. C. K. Ogden, Londres, Routledge, 2001, 81. Tendo colaborado na primeira tradução para o inglês do *Tractatus* de Wittgenstein e feito em 1932 uma tradução para o inglês básico do *Finnegan's Wake* de James Joyce, Ogden é autor de *Bentham's Theory of Fictions* (1932) e (com o crítico literário I. A. Richards) de *The Meaning of Meaning* (1923).
16. Wallace Stevens, *Opus Posthumous*, Nova York, Vintage Books, 1989, 189.
17. Wallace Stevens, "Notes Toward a Supreme Fiction", *The Palm At The End of The Mind*, ed. Holly Stevens, Nova York, Vintage Books, 1990, 230.
18. Idem, 229.
19. Wallace Stevens, "The Pure Good of Theory", *The Palm At The End of The Mind*, 267-8.
20. Wallace Stevens, "Of Mere Being", *The Palm At The End of The Mind*, 398.
21. Sigmund Freud e Joseph Breuer, *Studies in Hysteria*, tr. Nicola Luckhurst, Penguin Books, Londres, 2004, 306.
22. Sigmund Freud, "Why War?", em *New Introductory Lectures on Psycho-Analysis and Other Works*, Londres, Vintage Books, 2001, 213.
23. John Ashbery, "Life is a Dream", *Your Name Here*, Manchester, Carcanet, 2000, 59.
24. Freud, "Our Attitude Towards Death", *Complete Works of Sigmund Freud*, Vol. XIV, Londres, Vintage/Hogarth Press, 2001, 291.
25. Mark Edmundson, *The Death of Sigmund Freud: Fascism, Psychoanalysis and the Rise of Fundamentalism*, Londres, Bloomsbury, 2007, 44.
26. Sobre esse período da vida de Jung, ver Deirdre Blair, *Jung: A Biography*, Nova York, Little Brown and Company, 2003, 486-495; Peter Grose, *Allen Dulles: Spymaster*, Londres, Andre Deutsch, 2006, 164-5; Mary Bancroft, *Autobiography of a Spy*, Nova York, William Morrow and Company, 1983, 91-97.
27. Richard Noll, *The Jung Cult: Origins of a Charismatic Movement*, Londres e Nova York, 1997, 189.

NOTAS

28. Richard Jefferies, *After London: Wild England*, Oxford, Oxford University Press, 1980, 1.
29. J. G. Ballard, *The Drowned World*, Londres, Indigo, 1997, 7, 19, 175.
30. J. G. Ballard, *Miracles of Life*, Londres, Fourth Estate, 2008, 58-9.
31. J. L. Borges, "Things That Might Have Been", *Selected Poems*, Penguin, Londres, 1999, 407.
32. T. E. Hulme, "Cinders", *Selected Writings*, ed. Patrick McGuiness, Manchester, Fyfield Books, 26.
33. Hulme, "Cinders", 29.
34. Idem, 24, 20, 22, 23, 24.
35. Hulme, *Selected Writings*, "Romanticism and Classicism", 70.
36. Hulme, "Romanticism and Classicism", 78.
37. Hulme, "Autumn", *Selected Writings*, 1.
38. T. E. Hulme, "Diary from the Trenches", *Further Speculations*, ed. S. Hynes, Lincoln, Nebraska, University of Nebraska Press, 1955, 157.
39. Hulme, "North Staffs Continues Where He Left Off", *Further Speculations*, 199.
40. Devo à 'Introdução a Hulme", em *Selected Writings*, de Patrick McGuiness, pp. vii-xlv, o que sei da vida de Hulme.
41. Fritz Mauthner, citado em Gershon Weiler, *Mauthner's Critique of Language*, Cambridge, Cambridge University Press, 1970, 295.
42. L. Wittgenstein. *Tractatus Logico-Philosophicus* (1921; tradução inglesa, 1922), 4.0031.
43. Weiler, 298-299.
44. Citado por Matthew Feldman, *Beckett's Books: A Cultural History of Samuel Beckett's 'Interwar Notes'*, Londres e Nova York, Continuum, 2006, 126.
45. Citado em Feldman, *Beckett's Books*, 130.
46. Feldman, *Beckett's Books*, 144.
47. Samuel Beckett, Disjecta, *Miscellaneous Writings and a Dramatic Fragment*, ed. RubyCohn, Londres, Calder, 1983, 172.
48. Feldman, *Beckett's Books*, 128.
49. Samuel Beckett, "what is the word", *Company, Ill Seen Ill said, Worstward Ho, Strirrings Still*, ed. Dirk Van Hille, Londres, Faber and Faber, 2009, 133-5.
50. Citado por Elizabeth Bredeck, *Metaphors of Knowledge: Language and Thought in Mauthner's Critique*, Detroit, Wayne State University Press, 1992, 99.
51. Weiler, 294.
52. John Ashbery, "The Skaters", *Collected Poems 1956-1987*, Nova York, Library of America, 2008, 175.

3. OUTRA LUZ SOLAR

1. John Ashbery, "As One Put Drunk Into the Packet-Boat", *Self-Portrait in a Convex Mirror: Poems by John Ashbery*, Manchester, Carcanet, 2007, 2.
2. J. A. Baker, *The Peregrine, The Hill of Summer and Diaries: The Complete Works of J. A. Baker*, introdução de Mark Cocker e edição de John Fanshawe, Londres, Collins, 2011, 237. Devo o que sei sobre a vida de Baker ao relato apresentado por Cocker e Fanshawe na Introdução e nas Notas desse livro.
3. Baker, 28, 31, 48, 131-2, 92, 201, 32, 128, 45-6, 33, 193, 114-5, 109, 119, 28, 98, 172, 31, 207, 161, 31, 28.
4. Wallace Stevens, "As at a Theatre", *The Palm at the End of the Mind*, 361.
5. Patrick Leigh Fermour, *A Time To Keep Silence*, Londres, Penguin Books, 1982, 8-9.
6. Blaise Pascal, *Pensées*, ed. A.J. Krailsheimer, Londres, Penguin Books, 1966, 67.
7. Pascal, *Pensées*, 68.
8. Max Picard, *The World of Silence*, South Bend, Indiana, Regnery/Gateway, 111.
9. Don Paterson, "Phantom IV", *Rain*, Londres, Faber and Faber, 2009, 55.
10. William Empson, *The Complete Poems*, ed. John Haffenden, Londres, Penguin Books, 2001, 55.
11. Richard Jefferies, *The Life of the Fields*, "The Pigeons at the British Museum", Oxford e Nova York, Oxford University Press, 1983, 215-6.
12. Ford Madox Ford, *The Soul of London*, Everyman/J.M. Dent, 1995, 23.
13. Ford Madox Ford, "On Impressionism", *The Good Soldier*, W.W. Norton and Company, Nova York e Londres, 1995, 262-3.
14. Ford Madox Ford, *The Soul of London*, 7.
15. Llewelyn Powys. "A Pond", *Earth Memories*, Bristol, Redcliffe Press, 1983, 37-40.
16. Llewelyn Powys, *Skin for Skin*, Londres, Village Press, 1975, 5, 8, 9.
17. Powys, *Skin for Skin*, 26.
18. L. Powys, *Impassioned Clay*, Londres e Nova York, Longmans, Green and Co., 1931, 4.
19. L. Powys, *Glory of Life*, Londres, Village Press, 1975, 27.
20. L. Powys, *Impassioned Clay*, 83-4.
21. Powys, *Glory of Life*, 44.
22. Powys, *Skin for Skin*, 95.
23. Idem, 47.
24. L. Powys, *Ebony and Ivory*, Bristol, Redcliffe Press, 1983, 33.
25. L. Powys, *The Verdict of Bridlegoose*, Londres, Village Press, 1975, 65-66.

NOTAS

26. L. Powys, *Love and Death*, Londres, John Lane/The Bodley Head, 1939, 301.
27. Alyse Gregory, *The Cry of a Gull: Journals 1923-48*, Dulverton, Somerset, The Ark Press, 1973, 91, 105.
28. Malcolm Elwin, *The Life of Llewelyn Powys*, John Lane/The Bodley Head, 1946, 271.
29. Ver Anthony Head, Introdução a L. Powys, *A Struggle for Life: Selected Essays of Llewelyn Powys*, Londres, Oneworld Classics, 2010, ix.
30. F. S. Flint, "Immortal?... No", *Imagist Poetry: An Anthology*, ed. Bob Blaisdell, Nova York, Dover Publications, 1999, 44-5.
31. Georges Simenon, *M. Monde Vanishes, The First Simenon Omnibus*, Londres, Penguin Books, 1975, 122, 20, 34, 87, 74, 110, 89.
32. Samuel Beckett, *Proust and Three Dialogues with Georges Duthuit*, Londres, John Calder, 1999, 18-19.
33. Friedrich Nietzsche, *The Birth of Tragedy*, tr. Douglas Smith, Oxford, Oxford University Press, 2000, 83, 82.
34. Robinson Jeffers, "The Humanist's Tragedy", *Rock and Hawk*, ed. R. Hass, Nova York, Random House, 1987, 115-118.
35. Robinson Jeffers, "Preface", *The Double Axe and Other Poems*, Nova York, Liveright, 1977, xxi.
36. Robinson Jeffers, "Original Preface", *The Double Axe and Other Poems*, 171, 175.
37. Robinson Jeffers, "Calm and Full the Ocean", *The Double Axe and Other Poems*, 125.
38. Czeslaw Milosz, *Visions from San Francisco Bay*, Nova York, Farrar Straus Giroux, 1982, 91.
39. Milosz, "To Robinson Jeffers", *Visions from San Francisco Bay*, 96.
40. Robinson Jeffers, "Credo", *Rock and Hawk*, 67.
41. Wallace Stevens, "A Dish of Peaches in Russia", *Selected Poems*, ed. John N. Serio, Nova York, Alfred A. Knopf, 2009, 129.
42. Louis MacNeice, "Mutations", *Collected Poems*, Londres, Faber and Faber, 195. Sou grato a Richard Holloway por me chamar a atenção para esse poema, parcialmente reproduzido em seu livro *Leaving Alexandria: A Memoir of Faith and Doubt*, Edimburgo e Londres, Canongate, 2012, 234-5.

Este livro foi composto na tipografia Minion
Pro, em corpo 11/15, e impresso em
papel off-white no Sistema Cameron da
Divisão Gráfica da Distribuidora Record.